# スパルタ

## 古代ギリシアの神話と実像

長谷川岳男



文春新書

1469

# スパルタ

古代ギリシアの神話と実像

## ◎目次

# はじめに　スパルタ教育の元祖

　古代ギリシア史に関心を持たない人でも「スパルタ教育」という言葉を聞いたことはあるだろう。スポーツや受験、あるいは技術獲得のためにハードで、時には体罰を伴い互いに競争させて徹底的な指導のもと行われる教育だと、一般的に理解されている。ではなぜそうよぶのかを問われたならば、かつて学んだ世界史のおぼろげな記憶をたぐり寄せて、その昔スパルタという国でなされた教育に由来する、と答えられる人はいるかもしれないが、その時代や場所、その内容まで正確に知っていることは稀ではないか。

　この「スパルタ教育」という言葉を生み出した、スパルタというコミュニティが本書のテーマとなる。スパルタはポリスとよばれた約千の独立した政治体が群立していた、今から二千年以上前の古代ギリシア世界において、アテナイ（本書では古代ギリシアのポリスをアテナイ、現代の都市名はアテネと表記する）とともに長期にわたり指導的な地位を占めたポリスである。なぜスパルタは強国として君臨することが可能であったのか、それを支えた社会とはいかなるもので、元祖「スパルタ教育」はなぜ必要であったのかを、本書ではさまざまなエピソードを交えて説明してみたい。

スパルタは、古代ギリシアを代表する哲学者プラトンが「その体制はまるで兵営におけるもののようだ」と述べたように、強健な兵士を生み出すために社会全体がポリスの厳格な統制下に置かれている、というイメージが同時代から強かった。このような社会に対して批判的な意見もあったが、第七章で述べるように、紀元前五世紀末以降、熱烈な支持者が後を絶たず、理想の社会として高い評価を受けた。そしてこれがその後、西洋世界では一貫したイメージとなり、現代まで賛美者を生み出している。その意味では「スパルタ」はある種のブランドと化したのである。

同じくプラトンが当時（前四世紀）の世界について、「平和とよぶものは名目に過ぎない」と述べており、戦争が常態であった世界において軍事的な優位は重要であった。それが教育や社会により軍事強国となったスパルタの高い評価につながっていたとも考えられる。そこで馴染みのない人も多いであろうから、まず特に軍事や国際関係の面を中心に、古代ギリシア世界におけるスパルタの歴史を簡単に説明してみよう。

## ギリシア世界におけるスパルタ

西洋文明の源流と見なされてきた古代ギリシア世界は、今から二八〇〇年以上前の前九世紀にはエーゲ海を中核とする地域に姿を現し、最終的にローマの属州となる前二世紀後半まで活発な活動が知られる。この世界は強力な専制君主制が生まれず、数百から二、三千人の男性成人市民を構成員とするポリスが林立していた。ポリスは市民がその政策などを合議で決め、戦争の際には市民自らが武器を執って戦う社会であった。

これらのポリスのなかでスパルタ人たちは、山がちなギリシアでは珍しい肥沃な平野を擁するラコニア地方に居を構えた。前八世紀より周囲への拡大を始め、ラコニア地方全域を掌握すると、前七世紀末までには西隣の同じく肥沃なメッセニア地方を二度にわたる戦いで征服し、ギリシアのポリスでは群を抜いた領土を得ることになり、さらにその勢力は増大した。

前六世紀半ばにいわゆる「リュクルゴスの改革」と称される、一連の国制や社会の改革を断行して国内の安定を得ると、それまで劣勢であった北隣のテゲア、東で国境を接するアルゴスにも優位を得て、ペロポネソス半島の最大勢力となる。そして前六世紀の後半にはこの半島の多くのポリスと、ギリシア史上初めての攻守同盟であるペロポネソス同盟を

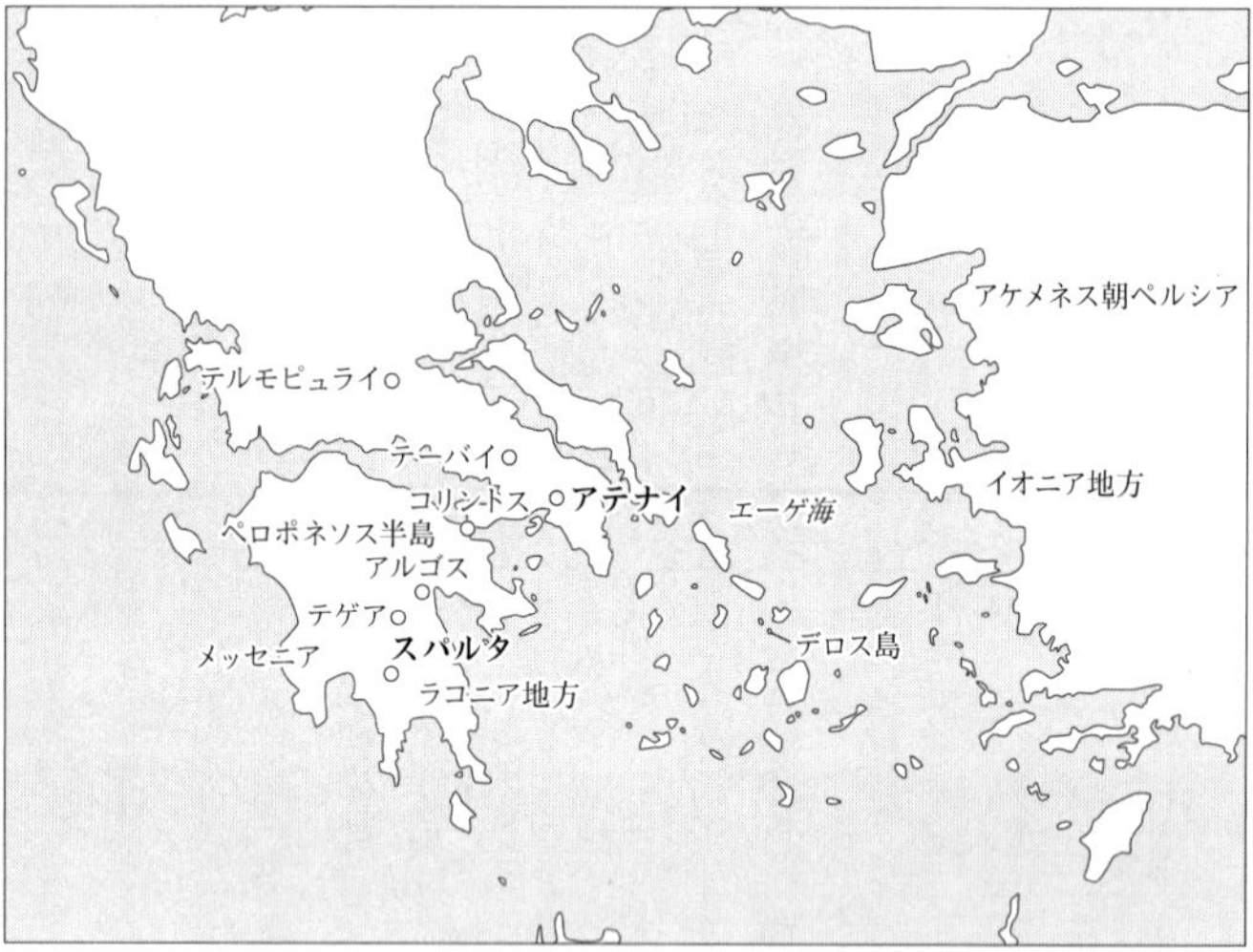

アケメネス朝ペルシア
テルモピュライ
テーバイ
コリントス
アテナイ
エーゲ海
イオニア地方
ペロポネソス半島
アルゴス
テゲア
スパルタ
メッセニア
ラコニア地方
デロス島

結成して盟主となり、ギリシア世界以外にも広くその勢威が轟くこととなった。

そしてその名を高めたのがペルシア戦争である。第一章で詳しく述べるが、前五世紀初めに、オリエント世界で大帝国を築いたアケメネス朝ペルシアがギリシアに侵攻した。一回目の戦いはアテナイが撃退したが、その数倍で来寇した二度目の戦いでは、スパルタがギリシア連合軍の総大将を務めてペルシアに対する勝利に大きく貢献した。

しかし戦後に同じく勝利に貢献したアテナイが、エーゲ海沿岸部や島嶼のポリスと海軍を主体とするデロス同盟を結成して、スパルタの強力な対抗勢力となった。そして前四三〇年代末にスパルタ率いるペロポネソス同盟とアテナイ率いるデロス同盟が、ペロポネソス戦争とよばれるギリシア全土を巻き込む全面戦争に突入した。スパルタは中断を挟みながら三〇年近く続いたこの戦争に勝利し、名実ともにギリシアの覇者の地位を得たのである。

さらに前四世紀に入ると、ペルシアの支援を受けたコリントス、テーバイやアテナイなどとのコリントス戦争に突入した。しかし最終的にペルシアと和解して、その王を後ろ盾として、ギリシアでの覇者の地位は維持した。その後も他のポリスとの抗争が絶えず、前三七一年に当時、勢力を拡大した仇敵のテーバイに大敗を喫して覇権を喪失すると、国力を支えていた肥沃なメッセニアも独立したため、かつての勢威を取り戻すことは困難になるが、その軍事強国の記憶はその後も絶えることはなかったのである。

## 軍事強国を支えた戦士教育

このようにスパルタは遅くとも前四世紀前半まで、ギリシア随一の軍事大国として君臨しており、その名声は外国にまで及んだ。その強さの理由として注目されたのが、産まれた時から（あるいは産む前から）始まる、屈強な兵士を社会が造り上げるシステム、すなわち「元祖」スパルタ教育なのである。往時の勢力を取り戻すことをめざして前三世紀に大胆な社会改革を実行した際も、その中心となったのが、かつての教育と生活態度の復活であった。ではその教育とはいかなるものであったのだろう。

詳細は第二章で述べるので、ここでは簡単にその特徴のみを説明しよう。注目すべき点は、他のポリスでは教育が個人的になされていたのに対して、スパルタでは公的な形で義務として実施されたことであろう。そして教育を受けることは市民資格を得るために必要とされた。さらに親は子どもの成長への関わりを制限された。出産後に新生児は将来、優れた兵士になるか、そのような子を産めるかについて年長者たちによる身体審査があり、それに通らないと山から崖下に棄てられたとの伝承すらある。

七歳になると本格的な公教育が始まり集団生活に入った。二〇歳で成人しても集団生活は続き、三〇歳になってようやくその生活から解放されたのであった。この間、厳しい肉体的な鍛錬などが競争を通して徹底された。この教育を統括する役人、その補助者も存在した。二〇歳になると優秀とされた者は、騎兵隊とよばれた王の親衛隊に選抜された。この部隊は二〇歳から三〇歳の若者三〇〇名で構成され、選抜は毎年、各年齢で改めてなされたので、競争は三〇歳まで続くことになる。

一方で二〇歳の時に六〇歳まで続くことになる、毎日の晩餐をともにする共同食事仲間への加入を果たす必要があった。入るためには一五から二〇名程度で構成されるそのメンバーによる審査があり、その際には教育での成果が重視された。これは現在の就職試験に近いものであった。なぜならこの共同食事への参加が市民資格要件であったからである。どこの共同食事仲間からも入会を拒否されて参加できないと市民として認められなかった。

ギリシア世界の軍隊は、市民が自ら武器を執って戦う民兵から構成され、彼らは普段、農業などの生業に勤しむアマチュアであった。しかしスパルタの場合、この長年にわたる苛酷な集団生活により、強健な肉体やしたたかさ、臨機応変な対応力、団結心、服従、愛国心、そして知性が培われていた。さらに市民は所有地で労働に従事する隷属農民から生産物を得られたので、生業に就くのを禁じられており、成人後も軍事教練などを日課とした戦闘の専門家集団だった。

ある伝えによれば成人後も定期的に身体検査があり、肌が白く肥満していると訓練を怠っていると見なされ、罰則として鞭《むち》打ちに遭ったという。このように幼少から徹底した訓練を受け、成人後も軍事訓練に明け暮れたプロの兵士から成るポリスゆえに、強国としての名を轟かしたと認識されてきたのである。

## 後世の評判

この教育についての風評はすでにペロポネソス戦争中にアテナイの指導者、ペリクレスにより戦没者追悼演説のなかで取り上げられ、その後もローマ期まで多く言及されている。仕上げの儀式には多くの観衆を集め、形を変えながらも存続したその儀式を、ローマ支配下のスパルタで目撃した人の記録もある。

スパルタ認識の後世への伝承は第七章で詳しく扱うが、近代に入ると西洋世界では軍事的な側面よりは、その社会の特徴とされた愛国心、集団への帰属意識、そして心身の鍛錬といった面に注目が集まるようになった。そのためハリー＝ポッターの世界で描かれるように、教育においても座学だけではなく身体訓練をして行うチーム同士の対抗戦なども重視され、団結心や愛校心を育み規律を遵守することが奨励された。

例えばラグビー発祥の地であるイギリスのパブリック・スクール、ラグビー校の校長トーマス＝アーノルドが推進した教育は、スパルタの心身とも厳格に鍛えるものと類似していることが指摘されている。さらにスパルタの熱心な賛美者であったナチス・ドイツにより設置された、アドルフ＝ヒトラー・シューレ（シューレはドイツ語で学校の意）はその極端な事例であり、古代スパルタでなされた教育内容をモデルとするカリキュラムが多くを占めた。

ナチスの悪夢から第二次世界大戦後は表立って賛美する風潮は影を潜めたが、日本では「スパルタ教育」の言葉で表現される訓練が、軍隊などを中心に世界中で今もなお続いていることは否定できない。

**日本における「スパルタ教育」**

ところが意外なことに、英語のSpartan educationには「体罰を含む厳格な教育」という意味はない。単純にスパルタでなされる教育を指す言葉として使われているのである。では我々にとって馴染みのある「スパルタ教育」という語はいつから定着したのであろうか。

教育学者の鈴木円氏の研究によれば、日本ではスパルタは明治初期に認知され、今日的な意味でのスパルタ教育なる言葉は第二次世界大戦前から存在したが、この語が広まったのは一九六九年に出版された石原慎太郎氏の著書、『スパルタ教育』によるところが大きかったとのことである。

石原氏は父の権威が著しく低下したことを嘆き、戦前の体罰を容認する厳格な教育の復活を唱えて、この本は当時七〇万部のベストセラーとなった。しかしスパルタにおける教育を扱ったものではなく、スパルタへの言及もない。ところが教育学者たちからその内容への大きな反発を招いて、活発な議論が展開されたことから、スパルタとは関係なく広く我が国で「スパルタ教育」なる語が用いられるようになったという。

このように考えれば、我が国で「スパルタ教育」という語の普及に比べて、古代スパルタについての理解がほとんどないことは納得のいくものである。

## 見直しが進む「スパルタ像」

軍事強国を支えるものとして「教育」があり、スパルタはそれを受けてきた人々から成る社会だと見なされてきた。ところが近年のスパルタ研究では、そのような単純な見方への疑義が陸続と提出されるようになっている。これはポスト・モダニズム、オリエンタリズム、マルチカルチュラリズム（多文化主義）、言語論的転回など、世界認識の転換を促す動き（パラダイム・シフト）により引き起こされたと言えるであろう。

そこで教育の現実、その目的、そしてなぜスパルタがこのような体制を敷いて社会の形成に努めたのかについて、この新たな動きと連動して盛んに議論されるようになった。その動きの中心にあるのが、古代の人々が伝えるスパルタ像の見直しである。それを少し紹介して、これらの動向を踏まえたうえで本書の目的を説明しよう。

古代ギリシアに関する情報は、悲喜劇、歴史叙述、哲学、美術作品などを生み出し、民主主義の源流とされるアテナイについてのものが大半を占めることから、ギリシアのイメージを構成するものの大部分がアテナイを念頭においたものであった。

しかし近年、世界の歴史がヨーロッパの展開を基準に語られてきたと批判されるようになったことに刺激され、アテナイ＝ギリシアとする古代ギリシア理解の再検討が叫ばれるようになると、スパルタはギリシア（＝アテナイ）的スタンダードの対極として新たなギリシア像構築にとっての重要なケースとなる。

しかしスパルタに関する情報は、数は多いものの謎が多く、おまけに彼ら自身が書き残したものはほぼ皆無に近い状態である。それゆえ現実のスパルタ社会の内情を正確に伝える情報が少ないため、かつてある高名なイギリスの古代史研究者が、「スパルタに関する本は大きなクエスチョンマークのみを記した一頁の本となる」と述べたように、その実情解明は困難であると思われていた。加えていくら史料を精査しても、スパルタ自身のプロパガンダや執筆者自らの理想を、この社会に投影する傾向が多大に見られることが、近年とみに指摘されるようになっている。

そこで最近の研究は、文献史料の実証を中心とした伝統的な考察手法から離れて、文学理論、文化人類学や民俗学、あるいは社会学など他の学問分野の手法を援用して文献史料の読み直しを行う一方で、新たな手法を駆使した考古学の成果をもとにその社会の考察が進められている。このアプローチにより先入観を乗り越える可能性が開け、スパルタの現実を理解する動きが高まった。本書でもその成果を取り入れて、従来の認識を再検討する。

一方で教育により培われる愛国心、あるいは公的な部分を重視し、私生活に干渉するというスパルタ社会についての認識は、近代以降のナショナリズムなどの国民国家の枠組みでなされており、そこに当時の現実よりも近代以降の社会が投影されているのではないか、という批判も出ている。この批判に応えるためには西洋文明の伝統により生じ、広く流布している世界観、価値観などをまず取り去る必要があり、この作業を通じて逆に西洋的な近代国民国家のあり方を相対化する材料を提供しうるとも考えられる。

大きく分けてこの二つの動向が古代スパルタ史研究を推進する原動力となり、一九八〇年代以降、古代ギリシア史研究の分野で最も多く取り上げられているテーマの一つになっているが、我が国では広く一般の人々を対象にその動きは紹介されていない。

**本書のめざすもの**

そこで本書ではスパルタの現実とともに従来のイメージや評価を取り上げる方法により、当時のギリシア社会、さらには後世の西洋世界にまで視野を広げて、何が特異であり、なぜそのように考えられたのかを分析することで、ひるがえって我々が有する価値判断の基準を再認識してみたい。なぜならこれらの様相には現代の世界が抱える様々な問題を、改めて考えさせる要素を多く見ることができるからである。

例えばコミュニティに対する滅私奉公を強調し、軍事的な面に高い価値をおくと見なされてきたスパルタ人の価値観は、先の大戦におけるファシズム体制や現在でも存在する独裁体制を想起させるはずである。そのため近年その数が増えている、個人の自由を統制する強権体制の国について考えるヒントを提供するにちがいない。また民主主義の社会において、個人の幸福や希望のみが優先されることに懸念が示される現状との対比も興味深い。

さらに自分たちを「同等者（ホモイオイ）」とよび、格差のない平等な経済基盤を有することで市民団の団結を図ろうとしたスパルタは、結局この均衡が破れたことにより衰退へと至ったと認識されている。かつては一億総中流と言われながら、経済格差が問題とされ、低所得者層への注目が高まっている現代の日本社会にとって、一つのモデルケースを提供するのではないか。

スパルタにおける経済格差の拡大に女性が大きく関与したと考えられており、その物欲や性的奔放が当時から非難されてきた。これらの認識もジェンダー的な視点から再考が進められており、現代の女性のイメージとの対比も関心を喚起するのではないか。そして、衰退の要因の一つとして大きく取り上げられてきたのが市民数の減少であり、今日の日本においても少子化による人口減少が社会問題となっていることを考慮するならば、この問題も看過できない。

## 「トゥキュディデスの罠」

スパルタはギリシア世界における大国としてアテナイとしのぎを削り、両者とも同盟国を率い、最終的には全面戦争に突入した。この時代の国際関係は、国際関係論的には弱肉強食の統制なき世界と見なされ、軍事力の維持はすべてのポリスにとって独立を維持するためには不可欠であった。

このあからさまなパワーポリティックスの世界で、覇権国にとって同盟国を敵側に奪われることは死活問題であり、それを阻止することが対外的な動きを決める重要な要因であった。アテナイ人トゥキュディデスは、現実主義の観点から自らが将軍として従軍したペロポネソス戦争について詳述しているが、そこでこの戦争は、スパルタがアテナイの台頭による覇権の揺らぎ、そしてアテナイ側への同盟国の離脱を恐れて開戦に踏み切ったと見なした。これを現代の国際関係論の研究者は「トゥキュディデスの罠」とよぶが、まさに中国の台頭に対するアメリカの動き、あるいはウクライナとロシアの関係を想起させるものである。このような国際状況を考慮して、スパルタが教育や生活において、強国を維持していくためにいかなる工夫をしたのかも考える必要があろう。

本書では以上のような現代社会を想起させる点を考慮して、日本ではほとんど紹介されていないスパルタとそれを取り巻く世界を説明する。そして現代の社会を改めて考え直すヒントを提供したいと考えている。さらに滅亡後、後世の人々にとって絶えることなく自分の社会の理想やアンチテーゼと見なされた、スパルタ社会のイメージの変遷は、現代にいたる西洋世界の展開を理解するために興味深い材料を提供するので触れてみよう。そして最後に改めてスパルタが現在の社会に提起することを取り上げる。

# 第一章　テルモピュライの戦い

己を捨てて法や命令に従い、国のため、自由のために命を投げ出すことを厭わない屈強な戦士――。そんな「スパルタ人」のイメージが創出されたのが、テルモピュライの戦いだった。スパルタを中心とするギリシア軍とアケメネス朝ペルシアの遠征軍とのあいだに行われたこの戦闘で、王のレオニダスは三〇〇人のスパルタ兵とともに壮絶な死を遂げた。なぜ彼らは何倍ものペルシア軍と戦い、「名誉の戦死」を選んだのか。その背景には、スパルタ社会の同調圧力の激しさがあったと考えられる。

【第一章　関連年表】

前五五〇年頃　アケメネス朝ペルシアが、現在のイランの地域に興る。
前六世紀末　スパルタがペロポネソス半島の各ポリスと「ペロポネソス同盟」を結ぶ。
前四九九年　イオニアの反乱（小アジア西岸のギリシア人植民市ミレトスを中心としたイオニア地方の諸ポリスが、アケメネス朝の王ダレイオス一世に対して起こした反乱）。ダレイオス一世が遠征軍を派遣する。
前四九一年　ダレイオス一世がギリシア遠征を開始。
前四九〇年　マラトンの戦い。アテナイ北東部のマラトンで、アテナイ・プラタイア連

前四八六年　合軍が、倍以上の軍勢のペルシア軍を破る。スパルタは重要な宗教儀礼であるカルネイア祭の最中のため、参戦せず。

前四八〇年　クセルクセス一世がペルシア王に即位（～前四六五年）。
テルモピュライの戦い。ギリシア中東部のテルモピュライで、スパルタ王レオニダスとともにスパルタ兵三〇〇人がペルシア軍に敗れ、全滅。
サラミスの海戦。ギリシア連合艦隊がペルシア艦隊を壊滅させる。ペルシア王クセルクセス一世は本国へ帰還。

前四七九年　プラタイアの戦い。ペルシア軍を率いるマルドニオスが敗死して、ギリシアが勝利。この戦勝でペルシア戦争におけるギリシアの勝利が確定した。
ペルシアはギリシア本土から撤退。スパルタは軍事強国の名をさらに轟かせる。

前三七一年　スパルタはレウクトラの戦いで敗れて覇権を失う。

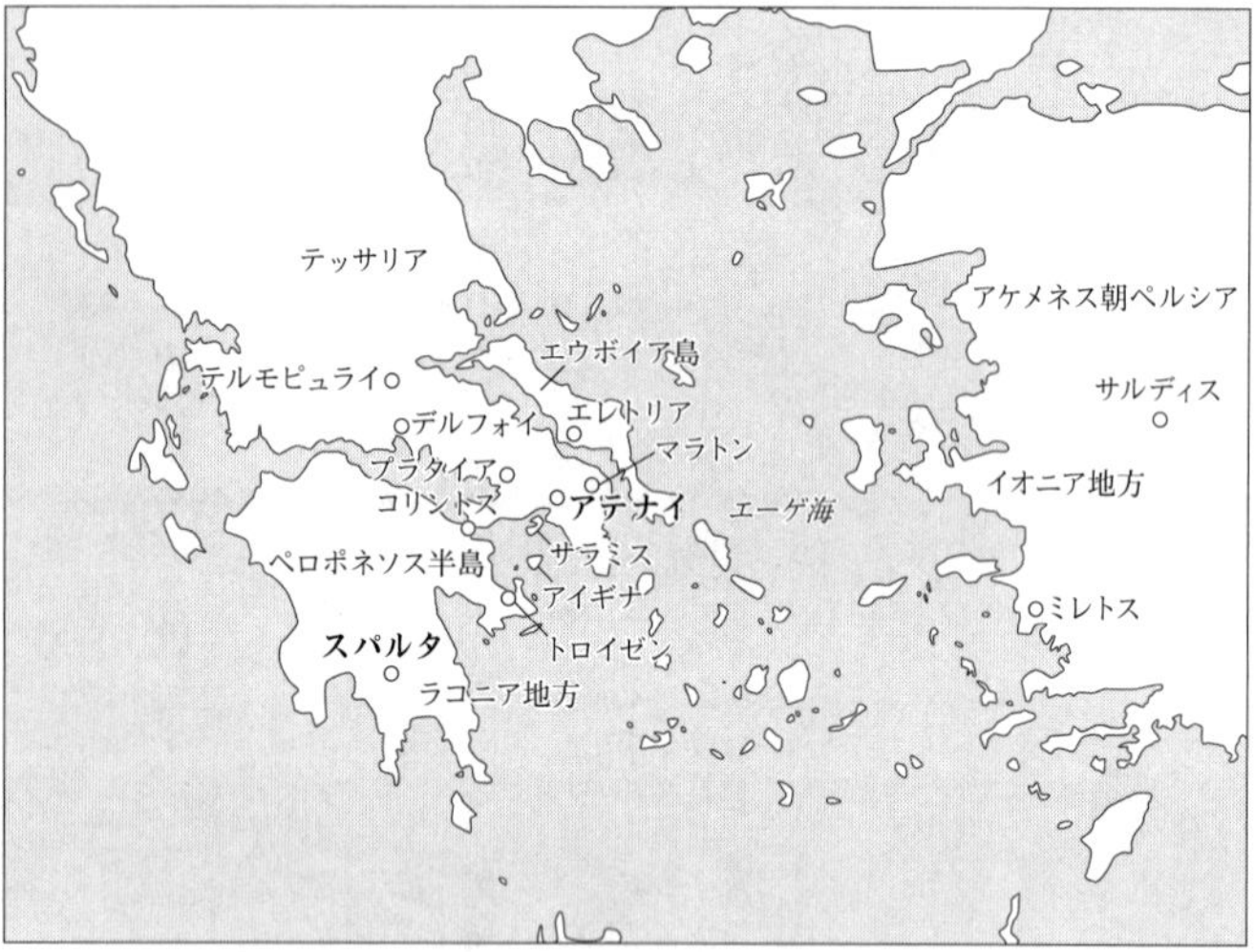
テッサリア
アケメネス朝ペルシア
エウボイア島
テルモピュライ
サルディス
デルフォイ
エレトリア
マラトン
プラタイア
イオニア地方
コリントス
アテナイ
エーゲ海
サラミス
ペロポネソス半島
アイギナ
ミレトス
スパルタ
トロイゼン
ラコニア地方

## 不朽の名声を得た戦い

スパルタのイメージを決定づけたのが、ペルシア戦争中の前四八〇年八月後半になされたテルモピュライの戦いである。ギリシア中部の隘路《あいろ》に位置するテルモピュライは、古代ギリシア語で「熱き門」を意味する。近くに温泉が湧き、南側には山が迫り、北は海に面した断崖という地形のため、少数の軍勢で多数の敵に対抗するのには好都合となる戦略的な要衝と古くから見なされていた。

古代の伝えによれば、この戦いはスパルタ兵三〇〇名を中心とした約七〇〇〇名のギリシア連合軍が、一〇〇倍以上のペルシア軍に対して二日間にわたり多大な損害を与えて進撃を食い止めながらも、現地の内通者がペルシア軍に迂回路を教えたため包囲され、最後は指揮官であったスパルタ王レオニダスは大半の同盟軍を逃がしながらも、自らはスパルタ兵とともに踏みとどまり玉砕したというものである。

ギリシア人たちが後に、この戦争はアジアの専制支配に対して自由を守るためのものであったと喧伝したため、後世、ここで斃れたスパルタ市民は自由という崇高な理念に殉じた英雄であったとして、不朽の名声を得ることになる。そこでスパルタを理解するために、本章ではこの戦いに注目する。まず、なぜ三〇〇名のスパルタ兵がペルシアの大軍と戦うことになったのかを、半世紀後にこの戦争を題材に執筆した、将来「歴史の父」とよばれることになるヘロドトスの叙述を中心に述べることから始めよう。

## アケメネス朝ペルシアがギリシア侵攻

ギリシア連合軍と戦ったペルシアとは、世界史の教科書などではアケメネス朝とよばれる国で、この戦いの約七〇年前（前五五〇年）頃、現在のイランの地域に興った。急速に国土を東西に拡大して、ペルシア戦争の頃には西方ではエーゲ海北岸まで勢力が及んでいた。その結果、古代では小アジアとよばれた、アナトリア地方のエーゲ海沿岸部などに居住していた多くのギリシア人が、その支配下にあった。ただ、一定の貢納をすれば自治を認める、比較的緩やかな統治であった。

最盛期にはエジプトをも含み、アフガニスタンからエーゲ海に及ぶ、日本の八倍近くにあたる約三〇〇万平方キロメートルの領土を有した。このオリエント世界最初の大帝国に対して、前四九九年、小アジアのエーゲ海沿岸中部イオニア地方のギリシア人が反旗を翻す。スパルタは援助を求められたが断った。一方、アテナイは近隣のエレトリアと援軍を派遣したが、結局、前四九三年までにこの反乱は平定されてしまう。アテナイも緒戦に参加しただけで、その後は一切関与しなかった。だがこの援軍こそがペルシア軍のギリシア本土侵攻の口実を与え、テルモピュライの戦いへの門を開いたと言って良いだろう。

## マラトンの戦い

当時のペルシア王ダレイオス一世はアテナイなどへの報復を口実に、前四九一年にギリシアへの遠征を始めた。最初の遠征軍は嵐に遭って艦隊が壊滅したため帰還を余儀なくされたものの、翌年にはエーゲ海を横断してギリシア本土へ侵攻した。ペルシア軍はまずエレトリアに徹底的な報復を加えた後、アテナイの北東部マラトンに上陸する。

深刻な危機に陥ったアテナイは急使をスパルタに派遣して救援を求めた。しかしスパルタは援軍を約束したものの、スパルタ人にとって重要な、アポロンを祀るカルネイア祭の最中のため、法により終了後まで出兵できないと返答するしかなかった。約束通りスパルタは出兵が可能になると二〇〇〇名の部隊を急行させたが、アテナイに到着したのは戦いの翌日であった。

結局、その年の夏、アテナイは近隣で同盟関係にあったプラタイアから一〇〇〇名の援軍を得たのみで、マラトンの野で自軍の九〇〇〇名の重装歩兵と合わせた一万の部隊で倍以上のペルシア軍と戦った。ここは湿地が多くペルシア軍の主要兵種である騎兵をうまく活用できなかったこと、重武装した歩兵が密集隊形で戦うギリシア式の戦い方がペルシア軍の歩兵より威力があったことにより、アテナイ・プラタイア連合軍が勝利を収めた。戦場での勝利を告げる伝令がマラトン、アテナイ間の約三九キロメートルを走った故事に因んで、アテネでの第一回近代オリンピックの競技に採用されたのがマラソンである。

## テルモピュライへ

ペルシア軍はこの敗北により引き上げてしまい、侵攻は失敗に終わった。しかし前四八六年にダレイオスから王位を継いだクセルクセスは、その二年後に捲土重来を期し前回をはるかに上回る規模の遠征を計画し、その支配領域全土から兵を召集する。当時の軍の兵站の限界、そして古今東西の戦史における動員数などから算定して、陸軍が六万前後、海軍が四〇〇隻程度とするのが妥当であろう。

ペルシアによる遠征のニュースはすぐギリシアにもたらされ、動揺が広がった。クセルクセスはギリシア人のポリスに恭順の印として土と水の献上を求める使者を派遣し、これに応じたポリスも少なくなかった。この使者は一回目の遠征の際にも派遣されたが、アテナイとスパルタでは、「欲しいなら自分で持って帰れ」と使者を井戸に投げ込んだりして殺害したため、今回はこの二つのポリスには送られなかった。

この事態への対応を協議するためにコリントスにポリスの代表が集まった。スパルタとアテナイは今回も公然と抵抗の姿勢を示したが、多くのポリスは日和見の姿勢を取ったため、全ギリシアをあげて（当時、ギリシアという国はなかった）自由のためにアジアの専制に抵抗するという後世のイメージほど、その機運をここに見ることはできない。結局、陸軍はスパルタが盟主であるペロポネソス同盟のメンバーが大半を占めるにすぎなかった。

前四八〇年に入るとペルシア軍が冬営地の小アジアのサルディスを出発し、ギリシア本土に迫る行動を始めると、総勢一万のギリシア連合軍がペルシア軍の進軍コースにあたるギリシア北部テッサリアのテンペへ派兵された。しかしそこにペルシア傘下のマケドニア王アレクサンドロス一世が使者としてやって来て、ペルシアの軍勢の巨大さをあげて退却を勧告すると派遣軍は撤退してしまった。

撤兵後、コリントスに代表が集まって今後の対応を協議した。その結果、トラキス地方のテルモピュライを陸上の、そしてエウボイア島北端のアルテミシオンを海上の防衛線と決め、陸海両軍を派遣することを決定する。テルモピュライは断崖の側面にある隘路であり、大軍による包囲も騎兵の活用もできないため選定された。アルテミシオンも同様に本土、スキアトス島、そしてエウボイア島に挟まれた狭い水域で、ペルシア艦隊の数の多さを活かせないロケーションであった。

海上ではアテナイを中心にアイギナ、トロイゼン、コリントスなどの軍艦で構成された三〇〇隻近い大艦隊が派遣された。アテナイはここを突破されると自分たちの領土が次の標的になることが明白であったので、市民の多くを軍艦の乗組員として動員したが、それと対照的であったのがスパルタである。

### 三〇〇名しか参戦しなかったスパルタ軍

テルモピュライへ出兵した陸上兵力は、スパルタとその麾下《きか》のペロポネソス同盟軍が四〇〇〇程度、それ以外では中部ギリシアのボイオティア地方にあるテスピアイから七〇〇、テーバイから四〇〇、あとは戦場となるフォキス地方から一〇〇〇、ロクリス・オプンティアからの一〇〇〇を加えて総勢七〇〇〇程度であった。ペルシアの大兵力を前に広く参加を呼びかけたのに、これだけの兵力しか集まらなかった。その理由としてヘロドトスは、この時がオリュンピア祭の開催期間であったことをあげている。

ギリシアではオリュンピア祭を筆頭に重要な祭典がいくつかあり、その際には「聖なる休戦」という、競技者や見物人が安全に参加できるように休戦する習わしがあった。しかし、それは明らかに口実であり、多くのポリスが戦局の帰趨を見たうえで態度を決めようとしていた現れであろう。さらにここで特に注目すべきは、盟主スパルタからは三〇〇名しか参戦していないことである。この少数の理由については現代まで多くの議論が交わされてきた。

ヘロドトスはこの部隊が先遣隊であること、そしてスパルタが派兵することで他の同盟国の出兵を促そうとしたこと、そしてスパルタではマラトンの戦いへの参加を阻んだ、カルネイア祭の最中であったことを理由としてあげている。スパルタの歴史において、どれだけ急を要していても宗教的理由によって軍事行動に支障が生じる例は枚挙に遑《いとま》がない。したがって禁を破って三〇〇名だけでも出兵したことは、事態がそれだけ焦眉の急であったことを示しているように思われる。

とは言え、あの大軍にこのような少数の兵力を派遣しても、焼け石に水であることは誰が考えても明らかである。それゆえスパルタで最も権限があった役職であるエフォロスたちが、スパルタ市民三〇〇名を含むラケダイモン人一〇〇〇名では少なすぎるので、兵力を増強することを勧告したが、レオニダスが拒んだという伝えもある。彼は「大軍を阻止するには少なすぎるが、死ぬのには多すぎ、ここでスパルタの主力が殲滅されれば、本国の防衛が危うくなるので、自分たちはテルモピュライで玉砕して後世に名を残すために出動するのだから、この数で十分である」と答えたとされる。

このラケダイモン人とはスパルタ市民にペリオイコイを含めた総称である。ペリオイコイはギリシア語で「周辺居住者」という意味で、彼らは自由身分でスパルタの街の周囲に存在する自らのポリスで暮らしていたが、スパルタに政治的には従属しており、対外行動もその指示に従う義務を負っていた。

## 「スパルタが滅ぶか王が死ぬか」

また次のような話も伝わっている。彼らは出陣に際して、自分たちの弔いのための競技祭を開催して、出兵する兵士の両親が観戦した。あるいはレオニダスは「なぜ、そんな少数しか引き連れていかないのか」と問われて、「死ぬ数としては十分である」と返答した。ヘロドトスも兵の選抜にあたっては、彼らが戦死することを前提に家系が絶えないように、息子がいる者という基準を設けたと述べている。

つまりレオニダスが率いたギリシア連合軍、とりわけスパルタ兵の少なさは、この戦いの結末を知っている人からすれば、古代から現代に至るまで、敗北を前提にした自殺行為として映った。スパルタ史研究の第一人者であるカートリッジは、戦闘員を対象とすることの自殺行為に類似するのは、旧日本軍の神風特別攻撃隊による体当たり攻撃（Kamikaze attack）であると述べている。

テルモピュライの戦いの最後の局面で、なぜレオニダスは撤退せず玉砕を選んだかについて、ヘロドトスは一つのエピソードを紹介している。この戦争が始まったときにスパルタが、予言を司るアポロンの聖地で、有名な神託所でもあるデルフォイで神意を伺ったところ、「スパルタが滅ぶか王が死ぬかのいずれかの結果になろう」との託宣を得たというものである。それゆえレオニダスはここで死ぬことを選び、スパルタ自体を守り後世にその名を残す栄誉を選んだのだ、と見なされた。

このようにヘロドトスに始まり、近代以降の歴史学者、作家などにとって、ギリシア連合軍の意図、レオニダスの思惑は絶えることなく議論の対象とされている。ただ一つ言えることは、この戦いに「スパルタ人」のイメージが創り出される発端の一つを見ることができるということである。すなわち、己を捨てて命令に従い、国のため、自由のために命を投げ出すことを厭わない屈強な兵士、それがスパルタ人というものだ。

## スパルタ兵は「集団となると世界最強」

前四八〇年八月半ば、テルモピュライの隘路を挟んでついにペルシア・ギリシア双方の軍勢が対峙した。テルモピュライは東西の両端が最も狭まっており、レオニダスはその中間の中央門とよばれる場所に陣取った。ここはかつてフォキス人が北方に住むテッサリア人の侵入を防ぐために築いた塁壁があり、道幅は一五メートルほどであった。現地に着くと彼は、後に彼らの全滅をもたらす間道の存在を知ることになり、フォキス人の部隊を間道側に配置しなければならなくなる。

この時ペルシア王クセルクセスは敵状を探るために送った斥候から、スパルタ兵は塁壁の外の広場で運動したり、髪を梳かしたりして、斥候に気づきながら気にもとめず、くつろいでいるとの報告を受けた。

ギリシア人はペルシアの大軍を前に応戦の準備を必死でしている、と想定していたクセルクセスにとって理解しがたい光景であった。そこでスパルタの王であったデマラトスにその意味をたずねた。デマラトスはレオニダスの兄、クレオメネス一世とともに王であったが（スパルタには二つの王家があった）、クレオメネスが主導する軍事作戦に反対したため、彼の策謀で王位を追われ、ペルシア王の庇護を受けていた人物である。彼は「頭髪の手入れは彼らが命を賭して戦おうとする際に行う習慣である」と答えた。そして実際に戦闘は壮絶なものとなった。

これより前のことであるが、デマラトスは、クセルクセスがヘレスポントス（現在のダーダネルス海峡）を渡ったところで閲兵式を行い、その大軍の偉容に満足して、ギリシア人がこの大軍にいかに反応するかを諮問する場面でも登場する。そこで彼がスパルタ人の特徴を述べているので紹介してみよう。

クセルクセスの問いに対して、デマラトスは「他のギリシア人が降伏したとしてもスパルタ人は屈服せず、彼らは一〇〇〇人の部隊なら一〇〇〇人で、それより少なくてもその数で戦う」と答えた。するとクセルクセスはこの返答に怒り、「その数で戦うというならばスパルタ兵一人がペルシア兵一〇人以上を相手に引けを取らないのか、しかし体格も変わらない彼らがそんなわけはなく、さらにペルシア軍のように一人の統率下にあって、鞭の恐怖で戦うならいざ知らず、自由放任にされている兵士の集まりである部隊が、勇敢に戦えるとは思えない」と述べる。

するとデマラトスは、「スパルタ兵は個々でも強靭だが、集団となると世界最強である。なぜなら彼らはあらゆる面で自由ではなく、法（ノモス）という名の主君がいて、それを恐れる度合いはペルシア人が王を恐れる比ではなく、この主君の命ずるままに行動する」と主張した。さらに以下、ヘロドトスの『歴史』からそのまま引用しよう。

「この主君の命じますことは常に一つ、すなわちいかなる大軍を迎えても決して敵に後《うしろ》を見せることを許さず、あくまで己れの部署にふみとどまって敵を制するか自ら討たれるかせよ、ということでございます。」（松平千秋訳）

スパルタには撤退や敗戦での生還を禁じた法があり、彼らはそれを忠実に守るというイメージが示されている。

### ペルシアの大軍が退却

またこの時、スパルタ人が大軍にたじろがなかった話として次の伝えがある。ディエネケスというスパルタ兵は、現地の人から敵軍のあまりの多さゆえに、彼らが弓矢を射かければ、その数の多さで日光が遮られるという話を聞くと、「それはけっこうなことだ、日陰で戦えるのだから」と述べたという。

クセルクセスは四日間待機して、ギリシア兵が恐怖で降参もしくは逃亡するのを期待したが、そのような動きを見せないので、五日目にあたる八月一七日（一説によれば一八日）、攻撃を開始した。まずメディア人とキッシア人（共に現在のイラン領の居住者）を投入するが、ギリシア軍の抵抗に阻まれて多大な損害を出した。また別の伝えによれば、まずマラトンの戦いで戦死した者の縁者から成る部隊を構成して先陣を切らせたが、突破はならなかった。次いで親衛隊であり、最強だと思われていた不死隊（アタナトイ）を繰り出すも多くの損害を被り、この日は結局、退却せざるを得なかった。

## 初日はギリシア軍の抗戦が成功

なぜギリシア軍の抗戦は成功したのであろうか。この理由として、隘路という地の利に加えて、戦い方の違いに拠るところも大きかった。すなわち、ギリシア軍は直径約一メートル、縁《ふち》もしくは表面に鉄板を張ったホプロンとよばれる木製の丸楯、ブロンズ製のヘルメット、胸当て、脛《すね》当ての重装備で防護を万全にしていた（このような兵士を丸楯の名称からホプリテスと呼ぶ）。主要な攻撃用武器は二・五から三メートルの槍であったが、短剣も携えていた。

さらにファランクスとよばれる、楯を連ねた密集隊形を組んでいた。一般的には横列四名縦列八名で一つの隊形を構成して、前二列は槍を突き出し、それに連なる後列の者は前の兵士を楯で押して敵部隊への衝撃力を増大させた。これに対してペルシア軍の多くは短い槍、枝などで編んだ軽量だが小さく防御力の貧弱な楯という装備であったため、行動の自由が制限される狭いスペースでは、ギリシア軍のような密集隊形で防御力のある相手には圧倒的不利であり、被害も甚大となったのである。そしてこのことはすでに一〇年前のマラトンの戦いで証明済みであった。

ヘロドトスが伝えるところでは、特にスパルタ兵の活躍がめざましく、いったん退却するように見せかけて、ペルシア軍が無防備で追いかけると、統率された行動でいきなり向きを変え反撃して多くのペルシア兵を混乱に陥れたという。このような事情で初日のギリシア軍の抗戦は完全な成功を収め、クセルクセスのプライドは大きく打ち砕かれることになった。

## 内通者エフィアルテス

二日目も戦況に変化はなかった。各隊より多額の褒賞で精鋭を募り、特別部隊を編制して、もし逃げるようであったら処刑するという脅しも加えて攻撃したが埒が明かなかった。このような膠着状態は、別の意味でペルシア軍のような大軍には深刻な問題を突きつけることになる。すなわち食糧と水の確保である。こうした事態があと数日続けば、敵と戦う前に食糧と水不足で軍が機能しなくなる危険があったのだ。頼みの艦船からの補給も、海軍がアルテミシオンでギリシア艦隊と睨み合っていたのであるから、限界があった。

ここで登場するのが現地の住民エフィアルテスである。彼は莫大な恩賞を目当てに、ペルシアに内通してギリシア軍の背後に迂回できる間道の存在を知らせたため、その名は後世まで残ることになってしまった。テルモピュライでの悲劇を生み出した張本人として、現代ギリシア語で「エフィアルテス」は「悪夢」を意味するようになったからである。彼はこの後、復讐に燃えるスパルタや他のギリシア人たちによりその身柄に莫大な賞金をかけられ、結局は非業の死を遂げたという。しかしエフィアルテス以外の内通者の伝えもあり、彼が真犯人であったかは謎である。

## 戦い抜くか、撤退するか

クセルクセスは日が暮れると、この間道に部将のヒュダルネスとその麾下の精鋭部隊（不死隊と推定されている）を派遣した。レオニダスはこの山間を進む道に一〇〇〇名のフォキス人部隊を配置していた。しかし彼らは夜中にペルシア兵たちが枯れ葉を踏みしめる音の大きさから接近を知り、遭遇するや大量の弓矢を射かけられ、山頂に向かって逃走したため、この別働隊の進軍を阻止できなかった。ペルシア軍は夜通し進軍してギリシア軍の背後に回り込むことに成功し、レオニダス以下のギリシア軍の命運は尽きることになる。

しかし、レオニダスと三〇〇名のスパルタ兵の名を不朽のものにしたのはこの後の行動であった。ペルシア別働隊の情報は夜が明ける前に投降者によってもたらされ、同行の占い師メギスティアスも犠牲獣の臓物占いから、「自分たちの命運が暁とともに尽きる」と伝えていた。

そこでレオニダスは各隊の指導者を集めて対応策を話し合うが、全軍で戦い抜くという意見と敵が背後に現れる前に撤退するという意見が対立した。結局、隊は残る者、去る者に分かれることとなった。残った部隊はレオニダスと麾下のスパルタ兵（ペリオイコイも一緒に戦ったと考えられている）、テスピアイ兵、テーバイ兵であり、それ以外の部隊は離脱した。

## 壮絶を極めた最後の戦い

残留した部隊の行動に関して異なる二つの伝承がある。一つの伝えによれば、この報に接したレオニダスは、大半の部隊を撤退させた後、別働隊の到着まで何もしないで死を待つのではなく、全軍でクセルクセスの陣を夜襲した。この攻撃によりペルシア軍は大混乱に陥り、闇のなか、遭遇した相手を敵だと思い同士討ちをしたりして甚大な被害を被った。

スパルタ軍はクセルクセスのテントまで進撃できたものの、すでにクセルクセスは逃げ出した後であった。結局彼を探し出せないまま夜明けを迎えると、その兵力の少なさはペルシア兵たちの知るところになり、一斉に周囲から矢や槍を浴びせ、レオニダスを含むギリシア軍を全滅させたという伝えである。この伝承は現実味がないと大半の研究者は信じていないが、一九六〇年代に制作された映画『三〇〇名のスパルタ兵』（The 300 Spartans、邦題『スパルタ総攻撃』）ではこのヴァージョンを採用している。

レオニダスとその部隊の最期は、ヘロドトスが伝えるもう一つの説明が一般的に信じられているものである。クセルクセスは別働隊の攻撃とタイミングを合わせるため、午前一

○時頃に攻撃を開始した。一方、レオニダスはこれまで戦っていた狭い場所の前にある、いくぶん広いスペースに部隊を前進させた。これまでが防御であったのに対して、今回は攻撃が目的であったからだとヘロドトスは説明している。

この最後の戦いは壮絶を極め、ペルシア側にも多大の犠牲が出た。例えばクセルクセスの二名の異母兄弟まで戦死したという。一方、レオニダスがついに斃れると、彼の遺体をめぐって双方の激しい争奪戦が展開し、スパルタ兵は四回ペルシア軍から奪還したとの伝えもある。

そのうちペルシアの別働隊が到着し背後から攻撃を始めると、ギリシア軍は小高い丘に退き、そこでさらに戦闘を継続した。槍が折れると剣で、それも壊れると石を投げ、あるいは噛みついたり殴ったり、己の体を武器として戦い、甚大な損害を敵に与えた。そのためペルシア軍は直接の戦闘を止め、ギリシア軍とは間隔をとり四方から矢の雨を降らせ、全員を討ち取った。

クセルクセスは隠されていたレオニダスの遺体を発見すると、その首を刎ねて槍の先に刺して見せしめにした。これがギリシア人にとって許しがたい行為であったことは、翌年、ギリシア本土での最終決戦であったプラタイアの戦いの後、戦死したペルシア軍の総大将マルドニオスの首を晒《さら》すことを進言したギリシア人に対して、総大将でレオニダスの甥にあたるパウサニアスが、「そのような行為はバルバロイ（ギリシア人が異邦人をよぶ時の蔑称で、後の barbarian の語源）にこそ相応しいかもしれないが、ギリシア人にはそぐわない行為である」と返答したことからも明らかであろう。

## スパルタ王は死を覚悟していたのか

ではなぜ、レオニダスは全軍を撤退させず、自分たちは残ったのであろうか？　ここでレオニダスは出陣の時から死を覚悟していたのか、という問題を少し考えてみよう。

まず、逆説的な仮定から考えることが有益であるように思える。すなわち、もしエフィアルテスという人物が登場せず、クセルクセスが間道の存在を知ることがなかったらどうなっていたであろう。先に述べたように食糧や水の補給の問題から、あと数日、ギリシア連合軍が持ちこたえたならペルシア軍は自壊した可能性が高く、この人数で作戦は成功したかもしれない。あるいは善戦のニュースは新たな援軍の到来を喚起して、作戦成功は確実なものになったのではないであろうか。

そのような見通しから言えば、ギリシア連合軍の兵力に問題はなかったと思われ、であるならばスパルタを出陣する際の悲壮さは想定しにくい。つまりレオニダスとスパルタ兵にとって、死がほぼ確実なものとして初めて実感されたのは、ペルシア軍の背面迂回による挟み撃ちが明らかになった段階ではないであろうか。それゆえ、死を前提とした出陣という伝えは、テルモピュライでの全滅という事実を劇的にするために、スパルタ人自身、あるいは親スパルタのギリシア人により戦後に生み出されたと見なせるのである。

### 「ラケダイモン人の掟」

ではなぜレオニダスたちはこのような状況に陥ってもなお、撤退することなく残って討ち死にしたのであろうか。先にあげた神託の信憑性も、やはりレオニダスの行動を崇高なものにするための創作として近年の研究者たちのあいだでは疑う傾向が強く、この神託を信じて死ぬために残留したというエピソードを信じることは難しい。

その理由について、これまで大きく分けて二つの考え方があるように思われる。一つは合理的な解釈として、撤退する軍が追撃されずに彼らが安全に逃げられるように残ったとする見方である。もう一つのより広く受け入れられているものは、スパルタ市民にとって負け戦で生還することは認められないという法に従ったというものだ。この二つの考え方は二者択一的なものではなく、両方ともが理由だったとするのが妥当であろう。先に紹介した、「あくまで己れの部署にふみとどまって敵を制するか自ら討たれるかせよ」、というデマラトスの言葉をさらに裏付けるものとして、ペルシア戦争後、テルモピュライに建てられた碑銘をあげることができる。ここには以下のように記された。

「異国の人よ、ラケダイモン人に伝え給え、
　我ら、彼ら（ラケダイモン人）の掟に従いここに死して横たえていることを。」

この文言はローマでは共和政末期に政治家・弁論家で有名なキケロがラテン語に訳し、近代にはベートーベンの第九の『喜びの歌』の作詞者シラーがドイツ語に訳して、世に広く知られた。特にドイツでは第一次世界大戦の戦死者の墓碑にこの文言やこれをアレンジしたものが数多く見られるほど、周知のものであった。

そしてこの戦いをめぐる記憶は、死を恐れず戦闘力に優れ、法や命令を遵守して団結心が強く、従順で私より公を尊ぶ、後のスパルタ社会や市民のイメージを決定づけ、現在に至るまでの認識として定着している。

## プラタイアの戦い

ペルシア軍はこの後、南下してアテナイを占領して都市を徹底的に破壊した。しかしアテナイではすでに老人、女性、子どもを疎開させて男子市民は軍艦に乗り込んでいたため、もぬけの殻の状態であった。そして近隣のサラミス島付近でアテナイを中心とするギリシア連合艦隊はペルシア艦隊を壊滅させ、クセルクセスはこの敗戦により本国に帰還してしまう。

翌年、王の親族マルドニオス率いるペルシア軍は再度、ギリシア連合軍とギリシア中部のプラタイアで刃を交えた。激戦であったがマルドニオスが敗死して、ギリシア軍の勝利に終わり、ペルシア軍は最終的にギリシア本土から撤兵した。

この陸戦にスパルタは現役の兵士のほぼ全員、五〇〇〇名を投入した。市民一人につき七人のヘイロータイ（ヘロット）が随行し、彼らは補助的な軍務に就いたので全軍の数は膨大なものであった。テルモピュライへの出征軍との違いは明らかである。ヘイロータイとはスパルタ市民の所有地を耕作する隷属農民で、その数は市民の一〇倍以上に及んだと考えられている。

この戦いにおけるスパルタ軍の活躍はめざましく、軍事強国スパルタの名をさらに轟かせた。しかしテルモピュライの戦いにおける奮戦こそが、もっとも強烈な印象を与えることになった。なかでもどんなに劣勢でも全滅するまで戦い抜くということが、深くギリシア人たちの心に刻まれたのであった。そのことを示す二つのエピソードを紹介してみよう。

## 敵に後ろを見せず

まずテルモピュライの戦いでスパルタ軍が見せた、不退転の姿を極端にしたエピソードが、プラタイアの戦いで伝えられている。この戦いにおいてペルシア騎兵に悩まされたギリシア連合軍は、夜間に戦術的後退を企てて各部隊が移動を始めた。しかしスパルタ軍の部隊長アモンファレトスは、「敵を前に後退することはスパルタの定めに反する」と言って頑なに拒否する。

総大将のパウサニアスは説得を試みるが、アモンファレトスがなお拒否したため、彼の部隊を置き去りにした。アモンファレトスは苦境に陥る前に移動したが、他のスパルタ軍も彼の部隊を待っていて退却が遅れたため、全軍がペルシア軍の猛攻に晒される結果になってしまう。しかし彼らは見事な戦いぶりで劣勢を挽回し、この戦いを勝利に導いたのであった（ただしアモンファレトスは奮戦の後、戦死した）。

二つ目のエピソードはテルモピュライの戦いから約半世紀後、ペロポネソス戦争中にアテナイ軍に包囲されたスパルタ軍が降伏したことをめぐるものである。この戦争の歴史を著したトゥキュディデスは、「三十年近くに及んだこの戦争で、このことがギリシア中の人々を最も驚かせた」とし、さらに続けて「ラケダイモン人（スパルタ人）は飢餓であれ、その他の苦難であれ、何があっても武器を引き渡すことなく、それを携えたまま能う限り戦い続けて死ぬものと思われていた」（藤縄謙三訳　括弧内は筆者の補い）と述べている。

## 息子に楯を渡した、スパルタの母

トゥキュディデスが述べたイメージが強かったことは、戦死した息子に対する母の言動として伝わるエピソードでも示される。テルモピュライの戦いから約六〇〇年後に多くの書物を著したプルタルコスが、息子の戦場での振る舞いに対するスパルタの母の話を多く伝えている。

例えば出征する息子に対して、楯を渡して、「これを持って帰るか、載って帰ってきなさい」と言ったという。勝利して楯を持参して帰国するか、戦死して楯に載って運ばれてきなさい、という意味であろう。すなわち臆病から戦闘を放棄して、身軽になるために楯を棄てて逃亡する行為を戒めているのである。楯を棄てることは、スパルタ人が教育や行軍の際に吟唱していた前七世紀の詩人テュルタイオスの詩でも非難されていた。

また戦場で臆病な振る舞いをした息子に対する母の伝えも多い。多くの話で共通しているのは、生きて帰ってきた息子を恥じて母が殺すというものである。一方で息子の戦死を誇らしく思う家族の話は、前三七一年にスパルタが覇権を失ったレウクトラの戦い後のエピソードが代表的なものである。この敗戦で戦死した者の家族は明るい顔をして外を往来しているのに、生存者の家族は家で目立たないようにしていたとされる。

## 戦場からの生還者は「震える者」

生きて帰国した者の状況を知ると、スパルタの母の行為はある程度、納得できるものかもしれない。彼らは法に背いたのであるから当然、処罰の対象となった。その厳しさを最もよく伝えているのが、テルモピュライの戦いの生還者へのスパルタ市民の態度である。この戦いで出征した三〇〇名のスパルタ人のうち、実は二名が生還していた。伝えによればアリストデモスとパンティテスという名の者で、前者は眼病により陣から離れたところで療養中のため、後者は伝令で戦場を離れていたため、戦闘に参加できずに帰還したのであった。

不可抗力であったにもかかわらず、帰国した彼らとは誰も口を利かず、ほぼ村八分にされることとなった。すなわち刑法的な処罰というよりは社会的疎外という制裁を受けたのである。そして臆病者という意味で「(恐怖で)震える者」と蔑称された。パンティテスは耐えきれずにほどなく自ら首を吊った。アリストデモスはこの恥辱に耐えて、プラタイアの戦いで自殺的勇戦により、最も手柄を立てて逝ったという。

## 同調圧力の激しさ

このような者たちへの仕打ちをクセノフォンも伝えている。クセノフォンはアテナイ人であるが亡命して、前四世紀初頭にスパルタ王アゲシラオスの知遇を得て、土地を与えられ領内に居をかまえ、息子二人にスパルタの教育を受けさせた人物である。彼は前四世紀のスパルタ社会を、『ラケダイモン人の国制』という著作で詳細に記しており、スパルタについて信用に足る情報が少ないなか、この書は内情に明るい人物による極めて貴重な情報源となっている。

それによれば臆病者への処遇は次のようなものであった。身体の訓練をする際に誰も相手にせず、競技にも参加させてもらえず、合唱の時も一番恥ずべき場所しか与えられない。また他の市民と同じような振る舞いは許されず、いきなり殴られても甘受しなければならず、若者にも席を譲り、結婚もできなければ、親族の女性の嫁ぎ先もなかった。生還するとこのような苛酷な運命が待ち受けているため、「スパルタ人は名誉の戦死を選んだ」とクセノフォンは述べている。

戦場での死を至高のものとするスパルタ人の考えは、すでにテュルタイオスの詩で強調されている。戦死を「美しき死」とし、そのフレーズはクセノフォンでも用いられた。ただし両者とも敵に後ろを見せることは、逆に死を招きやすいので正面を向き戦うことを勧めており、決して無意味に死を尊ぶことではなかった点は注意が必要であろう。

いずれにせよ臆病者に対する他の市民の対応を見ると、同調圧力の激しさを感じざるをえないのではないか。それが戦いでの市民の振る舞いを規定しているようである。そして市民の振る舞いの画一性がこの社会の特徴と言えるだろう。そこで次章ではこのような社会がなぜ生まれたのかを、市民の育成過程を見ることで説明してみよう。

# 第二章　スパルタ人の創造

## 「元祖」スパルタ教育を中心に

死を恐れず、法律や命令を遵守して団結心が強く、私より公を尊ぶ。集団になると史上最強。そんなスパルタ人のイメージが、テルモピュライの戦いなどを経て定着していった。

そのような戦士は、幼少の頃から三〇歳になるまで長期間にわたって集団生活を行うことで、各人の能力を高めて同じ価値観を持つように育成していったと考えられている。

ソクラテスの弟子のひとりクセノフォンによれば、スパルタでは、七歳からは「パイディス（少年）」、一四歳頃からは「パイディスコイ（ティーンエイジャー）」、二〇歳から三〇歳までは「ヘボンテス（青年）」という年齢別に三つの段階に分けられて教育を受けたという。

プラトンやアリストテレスにも影響を与えたとされる、「元祖」スパルタ教育の実態とはどのようなものだったのだろうか。

【第二章　関連年表】

前六世紀初頭　アテナイでソロンの改革が行われる。

前四八〇年　テルモピュライの戦いで、スパルタ兵三〇〇人とともに王レオニダスが戦死。

前五世紀半ば　大地震後にヘイロータイ（隷属農民）が反乱。鎮圧に一〇年かかる。

## 社会全体で規律と服従を徹底的にたたき込む

前章で紹介したように、テルモピュライでスパルタ人が示した武勇を知ると、彼らの迷いのない行動、王や法への絶対的な服従などの統制の取れた生き方が、いかに生み出されたのかに関心を抱くのではないか。また生還した者を「震える者」とよび、社会的な疎外という制裁が徹底されたことから、この社会の同調圧力の強さは、ある意味、ファシズム的な世界を想起させるに違いない。

古代の人々は、このような社会が形成される要因としてスパルタが市民に施した教育に注目した。スパルタでは市民になるために公教育を受けることを義務づけ、その内容は非常に極端であると伝えられており、我が国でも有名な「スパルタ教育」のモデルとなった。特徴の詳細はこれから説明するが、最初にその要点を述べるなら、子どもたちを親が管理するのではなく、社会全体が責任を持つものであり、そこで徹底的に規律と服従をたたき込むというものであった。そしてどのような行為が称賛の対象となり、一方で非難されるのかを繰り返し教えられ、同じ価値観を植え付けることを目的とした。さらにその教育は市民資格を得る二〇歳では終了せず、三〇歳まで当局の監視下にあったことも珍しい。すなわち市民の創造に長期間をかけた点が注目された。

古代ギリシアを代表する哲学者、プラトンやアリストテレスは、その理想のポリス論で教育の重要性を訴えており、そこで引き合いに出されたり、ヒントを与えたのがスパルタにおける教育であった。彼らは、いかなる国制であるか、そしていかに市民を育てるかが理想のポリスにとって最重要課題であると考えており、スパルタはその理想に近いと見なされたのである。他方で体罰や恐れにより、規律や服従を市民が体得することについては、同時代のアテナイで否定的な意見もあったことから、当時からスパルタの教育の是非が多くの人々の関心を集めたことは疑いない。

## 現実と異なる「スパルタの幻影」

ところが教育の実態に関して信用のおける情報は驚くほど少ない。その盛期においてこのポリスは、国外にいる者にとって厚いヴェールに覆われていた。それは定期的に外国人を国外に追放するとともに、市民がポリスの外に出ることを制限していたため、内情にアクセスする機会がほぼなかったからである。

そのため詳細は第七章で説明するが、現実の社会とは違う理想化したイメージが一人歩きするようになり、現在に伝わるスパルタ像に多大な影響を与えたのであった。この現実から乖離したスパルタ像を研究者たちは「スパルタの幻影（Spartan mirage）」とよんでおり、スパルタにおける教育の現実を理解するうえでの障害となっている。そこで基本的にはスパルタの最盛期に近い時期に執筆されたものを中心に参照しながら、教育について説明していくことにする。

## 重視され統制された子作り

スパルタでは将来の強健な兵士を得るために、まず子作りが重視され統制された。最初に統制の対象となるのが子を産む女性であった。ギリシア社会は典型的な男尊女卑であり、女性は劣った存在と見なされていた。産まれた子が女児だと棄てられることもままあった。そのため結婚適齢期の男女の比率は、圧倒的に男性が多かったと考える研究者もいるほどである。そして女児は養育においても男児に比べて十分な栄養が与えられずに家の中で育てられ、将来のために機織りなど、家の中で座って行う仕事を覚えさせられた。そのため身体も貧弱であった。

しかしスパルタで産まれた女児はまったく違う待遇を受けた。将来、立派な兵士となる子を産むためには母体が丈夫でなければならないという考えから、幼少期から十分な食事を与えられた。さらに他のポリスの女性は、一〇代半ばに子を産める身体になると結婚させられたのに対して、スパルタではその年齢で子を産むと母体も危険であるし(事実、産褥死も多かった)、産まれる子も丈夫ではないということで一〇代後半以降に結婚した。

そして結婚すると男性が性行為に溺れやすくなり、それも立派な子が産まれない理由と見なして、男性が望むままに子作りができないような状況を作ったという(この状況に関しては第五章で説明する)。なぜなら、のべつ幕なしに交わるより我慢してからようやくその機会を得た方が、背が高く強健な子が産まれると考えたからであった。

## 育てるかどうかは社会が決める

このような社会的規制は誕生した子にもはたらいた。子が産まれても親にはその子を育てるか否かを決める権利はなかった。産まれた子は長老たちにより審査され、虚弱、あるいは身体的障害のある場合、男児なら強健な兵士になれず、女児はそのような子を産めないという理由で、スパルタの街から仰ぎ見る急峻なタユゲトス山麓の深い穴に棄てられたという。

嬰児遺棄はスパルタに限らず古代ギリシア・ローマ世界では一般的であったが、スパルタの事例は兵士としての資質に特化して（女児もそのような子を産めるか否か）、育てるかどうかを社会が決めたため、広く知られるようになった。そして後世、ナチスがこのエピソードを優生思想の根拠として、同じような政策を施したことでも有名である。

この最初の試練を乗り越えた子たちは、しばしのあいだ安穏な生活のなかで成長した。しかし一定の年齢に達すると（プルタルコスは数えで七歳と伝える）、男児は公教育を受けなければならず、親元を離れて強い兵士、良き市民になるために成人後まで続くことになる共同生活に身を投じて、苛酷な日々を過ごすことになった。

アテナイなど他のポリスでは、この年齢になると親の裁量で奴隷をお付きとして、私塾に通わせていたのとは対照的であった。このようにポリスが主体となり将来の市民を育成することが、多くの人々の称賛の的になったのである。一方で女児も良い子を産むための肉体の鍛錬を含む、一定の教育を受けたらしい（ただし女性に市民権はなかった）。

## 成人後も市民に鞭打ち

少年たちに対する教育をスパルタが重視していたことは、教育を統括するパイドノモスという役職が、高い地位にいる者の中から選ばれたことから明らかである。彼は子どもたちを監視し、怠惰な者を罰する権限があり、罰として鞭打ちをする若者が補助についた。ギリシア世界では鞭打ちは奴隷に対するものであって、自由な市民に行うことは避けられたが、スパルタでは成人した後も市民に対する鞭打ちはふつうになされていた。

では子どもたちはいかなる教育を受けたのであろうか。後の史料では各年齢の集団にそれぞれ呼び名があったと伝えられるが、ここでは最も信用できるクセノフォンに従って、年齢により「パイデス（少年）」、「パイディスコイ（ティーンエイジャー）」、「ヘボンテス（青年）」という三つの段階に分けられたとしたい。パイデスは先に述べたように七歳から、パイディスコイは一四歳頃から、ヘボンテスは二〇歳から三〇歳までとなる。

すべての段階を通じて重視されたのは「服従」と「競争」であった。パイドノモスの指示は絶対的なものであったが、彼が不在でも、パイデスやパイディスコイが誰にも指示されない状況をつくり出さないように、教育を見物している大人は誰であれ監督する権限を有した。また自分の子どもと同じように他人の子どもに対しても問題があれば注意して、罰することができた。さらに大人が不在の時でも年長の若者の指示に従うことが徹底された。すなわち親だけではなく、社会全体で子どもの養育にあたったのである。

## パイデス（少年）は丸坊主

そしてパイデスの時から彼ら同士を競わせた。競争の結果、同じ歳同士であっても最も優れた者に他の者は従わなければならなかった。このようにして子どもたちの優劣が明確にされ、見物していた大人のなかでも知られることになるのである。年頃の女子が競争を見物し、競っている者たちに歓声や野次を投げかけたという伝えもある。

子どもたちは公教育を受けるに際して髪の毛を剃り丸坊主になった。二〇歳になり市民権を得てヘボンテスの段階に進むと長髪が義務づけられたので、外見だけで未成年であることが明らかであった。そしてまず強健な肉体を作ることがめざされた。例えば裸足の方が坂の上り下りや跳躍で優れていると考え、サンダルの着用を禁じた。

おそらく一二歳になると生活環境は厳しさを増し、衣服も一年を通して下着も着けず一枚で過ごさせ、暑さや寒さに耐えられるようにした。さらに寝具も河原の草を自分で集めて作った。冬はアザミの一種の綿のような冠毛を混ぜて寒さをしのいだという。

軍事技術も教育カリキュラムに含まれたようだが、必ずしもそれだけではなかった。競走、格闘技、ボールゲームなど肉体の鍛錬が中心を占めたことは明らかであるが、成人後に戦場での命令の伝達や公職者の職務などで必要なため、他のギリシア人と同じく最低限の読み書き、算術や幾何は習ったらしい。

また少年時代より積極的に祭典で合唱などに参加したことや、勇気や徳目を内在化するために、兵士を鼓舞する内容の詩などを書いたテュルタイオスの作品などを訓練中に吟じたりしたことも知られるので、音楽教育も重視していたと考えられる。

## 食事の量は最低限だが、盗みは黙認

集団生活は異なる年齢の子どもたちがグループを作り、その統率は成人したばかりの「エイレン」とよばれる青年たちが行った。食事はこの集団で摂るのであるが、飽食により鈍重にならないように与える量も最低限とした。このようにしていれば健康的であるとともに長時間、食事を摂らなくても活動が可能になるとか、あるいは痩せている方が背が高くなると考えられたためと伝えられている。

食事の量は育ち盛りの子たちには不十分であったので、空腹を満たしたい場合は自分で盗んで手に入れることが認められた。これは相手を欺く狡猾さを磨くことで、戦いに役立てるためであったとされている。しかし失敗した場合は鞭打《むち》ちの処罰を受けた。

ある少年が狐の子を盗んだが、見つかりそうになると服の中に隠した。すると狐の子は暴れて彼のお腹を食いちぎったが、その少年は見つかり処罰されることを恐れて平然とした態度を保ったまま、息絶えたという信じ難い話をプルタルコスが伝えている。

実際にあったことなのかは確かめようがないが、スパルタにおける教育で盗みがなされ、そして露見した時は処罰が厳しいため、それよりは痛みに耐えて命を落とすことがあり得たと後世、信じられたことは明らかであろう。しかし盗むために夜間に起きていなければならないとも言われているので、盗みは畑の作物などが主だったらしい。また大人たちが毎晩を共にする食事の場に行き、盗んでくるという伝えもある。ただし日常的に少年たちが盗みを繰り返すと社会秩序に支障をきたすため、盗みは一定期間に限られたと考える研究者もいる。

## エイレンによる知的な指導

教育は肉体の鍛錬だけではなかった。指導的立場のエイレンは、食後に子どもたちに歌わせたり、いろいろな問いをして、知的で倫理的な指導も行った。例えばどのような男が優れているのか、いかなる行為が好ましいのか、逆にどのような人間が非難の対象であるのかなどを問い、うまく答えられないとエイレンから親指を嚙まれる処罰を受け、周りからは徳とは何かを理解できず愚鈍だと見なされた。

そのため、子どもたちは常にさまざまな人たちを観察して、すぐに答えられるように努めたという。さらにこの返答は簡潔にその理由と証拠をまとめ、ウィットに富んだものでなければならなかった。

成人した後も注意深く観察して、優美さを交えた辛辣さと短い句から成る話ができるようになるため、このような教育が必要であった。逆に冗長で内容を伴わない話を嫌っており、スパルタはこの点でも後世、有名であった。それは、英語でスパルタが位置したラコニア地方の形容詞ラコニック（laconic）が、「簡潔な」、「無駄口をきかない」、「簡明な」という一般的な意味で使われていることから明らかである。知性を磨くことも子どもたちの教育で重視されていたことも見逃してはならない。

一方でエイレンは大人たちが見ている前で理由を述べて少年たちを罰することもあり、その際にはエイレンの判断が正しかったのかが、子どもを去らせた後に審判された。すなわち子どもだけではなくエイレンも教育の対象であったのである。

## 年長者との親密な関係

子どもたちは親、エイレン、そしてパイドノモスや訓練を見学している者以外の大人とも多くの関わりを持ち、そこでスパルタ人たる者の生き方を学んだ。大人たちの会食に参加し、彼らの談義を熱心に聞いたり、自由人に相応しい娯楽を学んだ。また会食の場で隷属農民であるヘイロータイに大酒を飲ませ酔った醜態を見せて、飲酒の抑制を教えたりもした。

しかし年長者との親密な関係で最も有名なのが、一定の年齢になると恐らく二〇代の若者と交際することを求めたことである。古代ギリシアでは同性愛が盛んであったことが有名であり、そのような行為を嫌ったローマ人が同性愛のことを「ギリシア人の愛」とよんだほどであった。男性相手の男娼の存在も知られている。

とは言え同性同士の関係が無条件で認められたわけではなく、パートナーは年上と年下であり、快楽ではなく教育的な関係を原則としたため、性的快楽を求めた同じ年代同士のカップルや男娼は軽蔑された。

交際に性的な関係が含まれたのか否かは議論されているが、スパルタで実施された少年たちと青年との交際は、年齢差のあるカップルであり、とりわけ教育に力点を置いたことは、それがギリシア世界で特異であったというよりは、好ましいあり方を積極的に推奨したものと言えるであろう。特異だったのはそのような交際をするように公的な圧力があったことである。

少年は年上のパートナーから軍事のこと、市民としての徳目などを学び、逆に年上の者は年下のパートナーの行動に責任を持った。ある時、訓練中に情けない声を上げた少年の罰は年上のパートナーになされたという逸話もある。

また少年が成人して共同食事仲間に入れてもらう際にも、年上のパートナーの紹介などが重要であったと推測されており、二人の友好関係は少年の成人後も継続することになった。これまで説明したようにスパルタの少年の教育において、限られた人だけではなく、広く大人が大きな役割を果たしたのであった。

## パイディスコイ（ティーンエイジャー）は大人への反抗を阻止された

少年たちは一四歳くらいで、次のステップに進んだ。ただ教育の内容自体には大きな変化はなかったようで、違いは肉体の鍛錬や問答の程度がかなり高度のものになったことと考えられている。一方で年長者との交際を始めるのはこの時期に入ってからであろう。またクセノフォンは、この年齢になると一般的なギリシア社会では大人の監督から離れ、自分のことを過信して身の程知らずとなり、快楽への渇望に抑えが利かなくなるため、暇を与えず訓練に励むようにしたと述べている。

そして慎みを徹底的に会得させるため、往来ではいつも外套の中に両手を入れ、キョロキョロせず、視線は絶えず足の前に落とし、言葉も発しないことを求めた。彼らの声を聞くのは会食での質問への返答くらいだった。ただある伝えによれば、その大人の会食の場でからかわれても腹を立てない態度も学んだ。

揶揄を平然と受け流すのがスパルタ流ということだったが、我慢できない場合はからかいを止めるように頼むことは許され、実際にからかっていた者はそれを止めなければならなかった。そして会食の最年長者は会場の外に出たら中でのことは内緒だと指示した。このように一〇代後半の血気盛んな時期に、慎み、服従などの振る舞いを少年たちに例外なく強いることで、大人への反抗を阻止したのである。

## 乱闘や鞭打ちも通過儀礼

この期間を終えれば兵士として出征することになり、いちおう市民の資格が与えられるのであるが、それも自動的に市民になれるわけではなく、厳しい試練が待ち構えていた。

文化人類学で「通過儀礼」とよぶ、大人の仲間入りをするために試練を受けることは、多くの社会で存在する。

有名なのはバンジージャンプであろう。南太平洋のバヌアツで成人になるための通過儀礼であったものが、アトラクション化したものだ。スパルタでもパイディスコイを終えるにあたり、通過儀礼があったと考えられている。しかしそれだけではなく、これまでの教育で見せた能力に対する評価が、後の人生に大きな意味を持つことになったのである。

ローマ期のスパルタにおける成人する前の儀礼は、二つのグループに分かれて、プラタニスタスという周りを塀で囲まれた島のような場所で、各々が両端の橋を渡って中に入り、殴る蹴る、目をえぐるなどの乱闘により勝負するものであった。さらに教育も司るアルテミス・オルティア女神の祭壇で、鞭打ちにどれだけ耐えられるかという儀式もなされていたと伝えられ、実際に目撃した人の記録も残っている。鞭打ちでは耐えた結果、死んでしまった少年もいるという。

この鞭打ちの儀式は、古典期に行われていたオルティアの祭壇にチーズを積んで、それを奪う側と鞭を使って守る側に分かれて争奪戦を行う行事が形を変えたものだと考えられている。古典期のスパルタではこのチーズの争奪戦のほか、二つのグループによるボールゲームなどがなされたらしい。

そしてこの儀式には当時から広く外からの見物人も集まったという。ローマ期にはそのための石造りの観客席まで設けられたほどであった。しかしこれらの通過儀礼を終えると少年たちは自動的に市民に認められるかというと、そうではなかった。現在の大学四年生が行う就職活動のようなことが求められたのである。それが共同食事仲間への加入試験であった。

## 共同食事が市民の必須条件

共同食事への参加は教育を受けることとともに、市民であるための必須条件であった。成人男性市民は六〇歳まで、その晩餐を家庭ではなく一五から二〇名程度の男性市民の仲間と取ることを義務づけられており、それを怠ると市民資格を喪失した。これは厳格な生活態度を維持し、そして人間が格差を最も感じることの一つである食事内容を同じにすることで、市民間の団結を維持するためのものであった。食事の内容は質素であり、この晩餐に参加したある外国の人は、以下のように述べたと伝えられる。

「なるほどスパルタ人は勇敢なわけだ。まともな精神の持ち主なら、こんなに貧弱な暮らしを分かち合うぐらいなら、一万回でも死んでやろうと思うだろうから」(アテナイオス『食卓の賢人たち』第四巻　柳沼重剛訳)

その食材は持ち寄りで、毎月の供出量が決められていて、彼らはそれを自分の農地を耕作したヘイロータイが納めた収穫物で賄った。これに狩猟での獲物など余分に持ち込めるものが若干認められていた。市街地から南方に六キロほど下った、アポロンとヒュアキントスの聖地であるアミュクライへと至る道すがらに、彼らの食事場がそれぞれ設置されていた。盛期のスパルタ市民数が八〇〇〇程度と算定されているので、このグループは六〇歳以上の市民を除いても四〇〇程度あり、かなりの規模であったと見なすことができる。調理はヘイロータイ、もしくはペリオイコイが担ったらしい。

### メンバー選抜の決め手とは?

教育課程を終えた者は自動的に各共同食事のグループに配属されるのではなく、あるグループに入れてもらうためには、そのグループのメンバーによる審査で加入を認めてもらう必要があった。当然、人気のあるグループには希望者が複数いたであろうし、またそのグループのプライドのようなものも存在したであろう。

　それゆえ彼らの基準を満たさなければ入会を拒否されることもあって、新成人が希望の共同食事仲間に加入を許されるのは容易ではなかったにちがいない。メンバーの一人でも反対すれば認められなかったとの伝えもある。それを考慮するならば、入会を試みることは先に述べたように現代の大学生の就活に似ていた。

　そしてその選抜の決め手は入会希望者の交際相手の紹介もあったであろうが、それ以上にそれまでの教育におけるパフォーマンスにかかっていたであろう。そこで優秀とされるのは教育で日々課される競争での勝利であり、その有無が食事仲間に迎え入れるか否かを左右したに違いない。

　ここでどの共同食事仲間にも加えてもらえないということは、市民資格を得られないということを意味するのであるから、スパルタ市民の子弟たちにとって教育におけるパフォーマンスが、彼らの未来を大きく左右するものであったことは明らかだ。この共同食事仲間に無事に加えられて、ようやくスパルタ市民となり、軍に編入されて出征した。しかし、スパルタの特異な点は、これで教育が終わらなかったことである。

## ヘボンテス（青年）から王の親衛隊を選抜

若者は成人すると髪を伸ばし、特に戦場では手入れをして美しく見せることを求められていた。それはテルモピュライで戦いの前に兵士たちが髪の手入れをしていたことからも明らかであろう。しかしそのような容姿の美しさに注意を払うようになるのは、青年のあるべき姿の一面に過ぎず、何よりも資質のさらなる向上が重要であった。特に二〇代の者こそが社会にとって重要であると考えて、市場への出入りなども禁じて肉体や知性の点で競争させ続け、その能力の向上に専心させた。

そのために優秀な二〇代の青年を「騎兵隊」とよばれる、三〇〇名から成る王の親衛隊に選抜することでその目的を達成しようとしたのであった。このメンバーに選ばれるということは非常に名誉なことであり、将来を嘱望されることを意味した。それゆえ新たに成人する者にとっては、騎兵隊に選ばれることは共同食事仲間に加えられることよりも重要であったに違いない。

三〇〇という数字はテルモピュライに出征したスパルタ市民兵の数であり、その他にもこの数の部隊がさまざまな場面で動員されているのが知られているので、スパルタの軍事組織では王の護衛とともに、重要な役割を担った精鋭部隊であったことは明らかである（ただし、テルモピュライでの三〇〇名は騎兵隊を中核とした特別編制であったと見なされている）。

騎兵隊とよばれるが、騎馬兵ではなく重装歩兵の部隊であり、恐らく古い時代に馬を保有できる財力があり、戦場まで馬車に乗ってきた貴族から構成されていたために、この名称になったと考えられている。

古代ギリシア社会では、古い時代に貴族がそのような形で戦争に参加したことが知られており、前六世紀初頭にアテナイで民主化への道を拓き、市民を血統ではなく財産で区分したソロンによる改革においても、財産額が上から二番目の階級は、スパルタの騎兵隊と同じ語（ヒッペイス）が用いられ、こちらは「騎士」と訳されているが、彼らが騎兵になったわけではなく、あくまでも馬を保有できる財力があることを意味し、重装歩兵として出征した（ローマでも財産区分の最上位は騎士とよばれた）。

スパルタの騎兵隊は二〇歳から三〇歳までのヘボンテスから構成されたので、各年齢で三〇人ずつが選抜されたことになる。最盛期の市民数を八〇〇〇人と見積もると、この年代は二〇〇〇人程度と推定され、そのうちの三〇〇人であるから七人に一人しか選ばれなかったことになるので、選抜のための熾烈な争いがあった。メンバーの最年長の者から選ばれた三名が各々、一〇〇名ずつをその理由をあげて選抜した。

成人時に選ばれた者たちがそのまま三〇歳になるまで自動的に騎兵隊のメンバーであったわけではなく、毎年、入れ替えがあった。これが成人後も能力の向上を重要なものにした。メンバーの行動などを、選ばれなかった者がその能力評価は妥当であるか絶えず監視したし、彼より優秀であることを示すためにメンバーに積極的にボクシングを挑んだりもした。ただボクシングが激しくなり過ぎると、誰でもそれをとめる権限を有し、従わない場合は罰せられたという。他に選抜で重視されたのは、いかに祖国に尽くしているのかということであり、それに恥じない振る舞いが求められた。

## 隠密部隊クリュプテイア

もう一つ、この年代の若者から選抜された、スパルタにおける教育を特色づけるものがあった。それはクリュプテイアとよばれたものである。この語は「秘密」という意味を有しており、現代語の「秘密の」、「隠れた」という意の接頭辞クリプト（crypt-）の語源となっている。

何が秘密かというと、クリュプテイアは隠密部隊を意味したからである。彼らはスパルタ領の各地に短剣のみの持参が許されて派遣され、日中は茂みなどに身を潜め人から見られないようにしていたが、夜になると通りなどに出てヘイロータイのうちでも人望があり、能力のある者たちの暗殺を任務とした。

ヘイロータイはスパルタ市民の何倍もの人口があり、彼らは常にいつ反乱を起こすか分からない不穏な存在として見られ、実際に前五世紀半ばに反乱を起こすとその鎮圧に一〇年という期間を要した。そのため彼らに恐怖心を植え付けるための部隊だとクリュプテイアは考えられている。

さらに彼らが殺人のために穢れないように、スパルタで最も権限のあった役職であるエフォロスが、就任時にヘイロータイに対して宣戦するのが習わしだった。なぜなら戦争中の殺人は合法と認識されていたからである。右記のような重要な任務を負ったクリュプテイアに選ばれるということは、騎兵隊への選抜とともに、スパルタで将来を嘱望される意味があり、そのために若者たちが競ったことは想像に難くない。

これらのエリート集団に選抜されなかったとしても、青年たちは三〇歳になるまで共同生活を続け、結婚に関しては後に述べるが、この年代に結婚することも推奨されたので、既婚者は就寝中、人に知られないように細心の注意を払って妻の元に行き子作りをする必要もあった。

このような生活のなかで競争を繰り広げ己の能力を高め、その過程で愛国心、そして周りと同じ価値観、行動を深く内在化させていったのである。そして三〇歳になってようやく自分の家で生活することができ、一人前の市民として認められた。これまで述べてきた教育をスパルタ社会が熱心に推進した理由は何であろうか。それにはこの国の初期の歴史を見る必要があるので、次章ではこの社会の成立について見てみよう。

# 第三章　エウノミア（Eunomia）

## 秩序ある世界の成立

かつてギリシアで最も国内情勢が不安定だといわれていたスパルタ。だが、「リュクルゴスの改革」によって、少なくとも二世紀以上にわたって反乱がなく、社会が安定していった。では、スパルタはいかにして統制的な社会になったのか。初期の歴史から紐解く。

【第三章　関連年表】

前一二〇〇年頃　青銅器文明のミュケナイ文明が崩壊。
前一二世紀末頃　後にスパルタ人となるドーリス人が南下してペロポネソス半島中南部に定住。
前八世紀末頃　スパルタがラコニア全域に対する支配権を確立。
前七世紀前半　第一次メッセニア戦争。スパルタが勝利し、メッセニアを征服して併合。
前七世紀後半　第二次メッセニア戦争。スパルタが勝利し、メッセニアを完全に征服。
スパルタは身分をめぐる対立や経済格差の拡大で社会が分裂。
前六六七年　アルゴスとの戦いで、スパルタが大敗。
前六世紀中頃　スパルタ社会を特徴づけた「リュクルゴスの改革」が行われる。
前四〇四年　ペロポネソス戦争が終結。

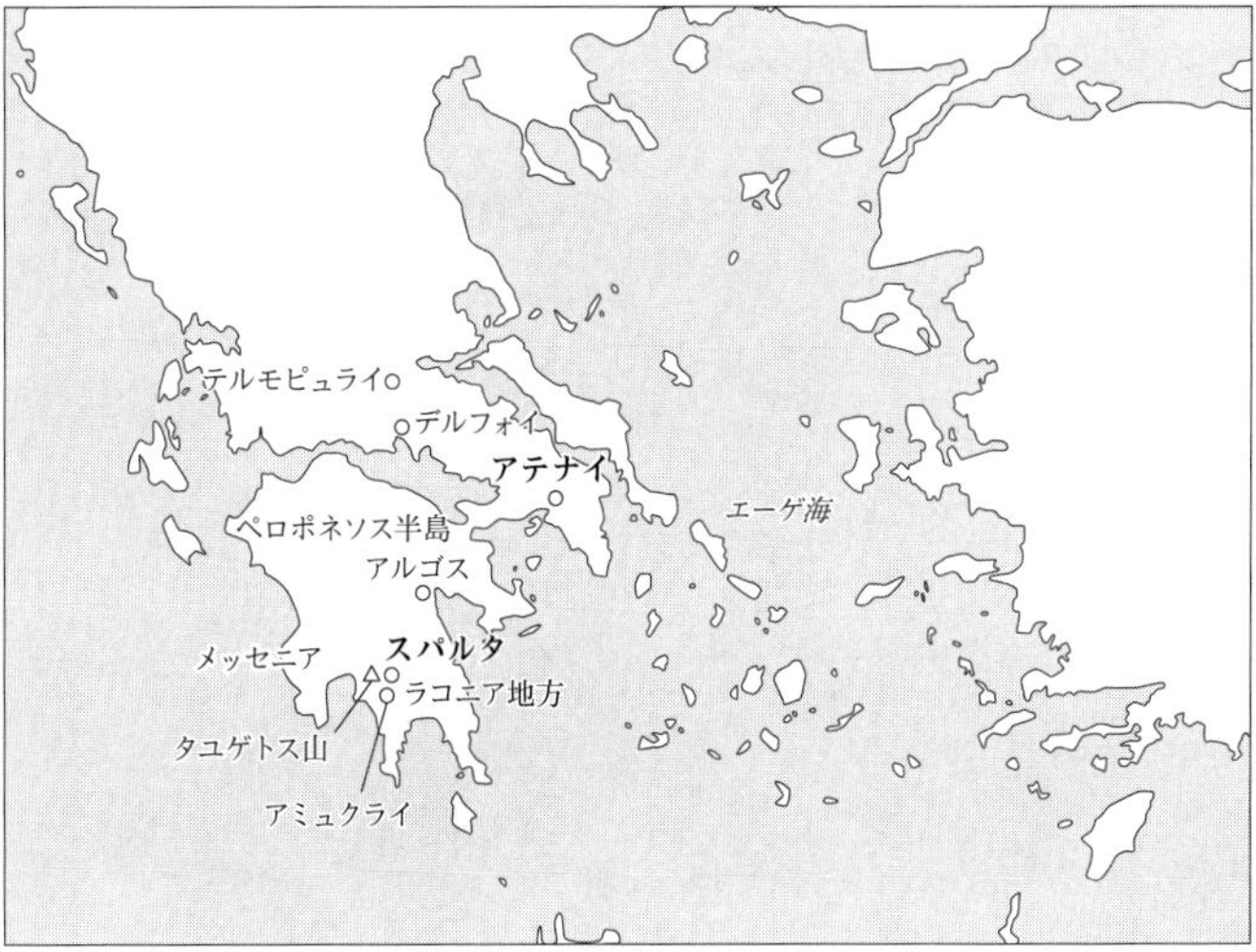
テルモピュライ
デルフォイ
アテナイ
エーゲ海
ペロポネソス半島
アルゴス
スパルタ
メッセニア
ラコニア地方
タユゲトス山
アミュクライ

## 「リュクルゴスの改革」で国内が安定

　これまで述べてきたように、スパルタは国の統制が厳しく、まとまりのあるポリスであり、「震える者」に対する社会的疎外のように、市民団の同調圧力の強さも印象深い。ギリシア語で国内がうまく治められている状態を意味する「エウノミア（Eunomia）」は、スパルタを象徴する言葉でもあった。しかしこの安定を得る前のスパルタは、国内情勢がギリシアで最も不安定だったとヘロドトスもトゥキュディデスも述べ、それがある段階で国制や社会の大改造を実施し、最も治まりの良いポリスになったとする。

　この大改革を「リュクルゴスの改革」、前章で扱った教育などを含むスパルタ特有の体制を「リュクルゴス体制」とよぶ。リュクルゴスとは、改革を断行してエウノミアの社会を築いたとされた王家の人物で、スパルタでは崇拝対象になり、古代以降もスパルタの代名詞としてその名を轟かせた。

　トゥキュディデスはペロポネソス戦争が終わった時点（前四〇四年）で「約四〇〇年、国制は不変だ」と言っているので、この改革は前八〇〇年頃となる。しかし現実には、スパルタは成立以来、紆余曲折を経て、前五〇〇年代にリュクルゴス体制なるものを創り上げたらしい。前章の最後で指摘したように、なぜスパルタがあのような統制的な社会であり、服従や慎みを教育で内在化させる必要があったのかも、大改革などの初期の歴史、そしてポリスが有する本質的な問題が大きく関わるので、本章ではそれらについて説明していくことにしよう。

## 「ヘラクレスの末裔の帰還」

古代ギリシア人は今から約四〇〇〇年前に、ヨーロッパ中央部よりエーゲ海域に南下した人々が祖先であると考えられている。第一波の人たちは当時の青銅器文明（ミノア文明）下にあったこの地域に定住し、前一六〇〇年代頃より支配的な地位を得て、同じく青銅器文明であるミュケナイ文明を展開した。

しかし前一二〇〇年頃を境にこの文明は、現在でも特定できない要因で崩壊する。そして王宮などが破壊され混乱期を迎えた。この時ギリシア北部に留まっていたギリシア人が第二波として南下して、先住のギリシア人や他の先住民を駆逐して、その多くがペロポネソス半島中南部の地域に定住した。この動きに含まれたのが後にスパルタ人になる人々であった。

新たに南下した人々は先住していたギリシア人と言語は共通であったが、方言や部族編成、祭祀が異なり、ドーリス人とよばれた。一方でスパルタ人のライバルであったアテナイ人は、先住していたイオニア人とよばれる集団に含まれた。ドーリス人とイオニア人は、このように方言などで区別されるギリシア人のうち代表的な二つの集団であり、前五世紀から現代に至るまで相互の相違は、彼らの行動を理解するうえで重要とされてきた。「スパルタ」という名称は、ギリシア語で「種を蒔く」を意味するスペイローが語源で、無から生み出されたものを表現していると考えられている。実際に考古学的調査から、その居住地は彼らの到来まで無人の地であったことが分かっている。

古代ギリシア人はこの新たな人々の到来を「ヘラクレスの末裔の帰還」とよんでいた。ギリシア本土の南端に位置するペロポネソス半島のアルゴス出身で、ゼウスの子であるヘラクレスの末裔が、その故地を奪還したことだと理解していたからだ。ヘラクレスの子孫の三兄弟が、ペロポネソス半島南部の東から順にアルゴス、スパルタ、メッセニアという地域を領有し、各々が王として統治したと伝えられる。アルゴスとメッセニアはスパルタの歴史において、とても重要な役割を果たすことになる。

## ラコニアの征服

エウロタス川沿いの肥沃な平野に定住後、スパルタ人は勢力の拡大を進める。最初に併合したのは南に隣接するアミュクライであった。この地で生まれたのがギリシア神話に登場する、アポロンが愛したことで有名な美少年ヒュアキントス（ヒアシンスの語源）で、彼にちなみアポロンを祀るスパルタの三大祭の一つ、ヒュアキンティア祭がここで開催された。アミュクライ人たちは市民とされたが、自分たちの祭儀には戦争中でも帰還が認められるなど、スパルタ社会では特別な位置づけであった。

その後も拡大は続き、前八世紀の終わり頃までにはラコニア全域に対する支配権を確立する。しかしアミュクライのケースとは異なり、ラコニアの住民は二つの身分に分けられた。一つは自らのコミュニティの自治が認められたが、対外政策に関してはスパルタに従ったペリオイコイ、もう一つはスパルタ市民の農地を耕作して収穫物を納めたり、主人の家で働いたり、奴隷に近い地位とされたヘイロータイである。

双方の数を合わせるとスパルタ市民の何倍にも及び、このいびつな構造が後のスパルタ社会に深刻な問題を起こすことになる。そして先に述べたように、スパルタ市民は軍事などの公務に専念するため、何らかの生業に従事することが禁じられていたので、生産や交易などの活動はこれらの人々が担うことになった。

## メッセニア戦争

ラコニアの制圧がひとまず落ち着くと、前七世紀には東西の隣国で同じくヘラクレスの末裔が居住したアルゴスとメッセニア、そしてドーリス人到来以前に先住していたアルカディア人のポリス、北隣のテゲアへの積極的な進出も試みた。このなかでスパルタの歴史や社会形成に多大な影響を与えたのが、メッセニアへの進出であった。恐らく前七世紀に二度にわたったメッセニアとの戦争は、後のリュクルゴス体制の成立を考えるうえで重要である。

いくつかの伝えによれば両地域の境に聳えるタユゲトス山の西の麓にある、リムナイのアルテミス女神の神域での騒動を契機に、一回目の戦争が勃発した。当時のギリシア世界では、ポリス同士が境界に位置する神域の占有をめぐって争うことは珍しくなく、この地の領有をめぐり戦争が始まったと考えられている。

テュルタイオスの詩でこの戦争は、前七世紀後半に生きた彼の祖父の代に、二〇年続いたと述べられており、恐らく前七世紀前半に長期間に及んだものであったと推定できる。最終的にスパルタは勝利して、メッセニアの全域、あるいは大部分を征服して併合した。

しかし、前七世紀後半にメッセニア人の反乱の鎮圧、もしくは未併合の地域の征服のため二度目の戦争が起こり、これにも勝利して完全にこの地域を征服した結果、アテナイの約三倍にあたる、静岡県よりやや広い面積を領有することになった。これでもギリシア本土のポリスとしては群を抜く領土の広さである。しかしこの二度のメッセニア戦争はスパルタ社会に深刻な問題をもたらし、その解決がリュクルゴス体制の成立となるのである。

## 反乱を企てたパルテニアイ

ではどのような影響を与えたのであろうか。そこでキーワードとなるのがパルテニアイである。パルテニアイとは、最初のメッセニアとの戦争への従軍を拒否したことで、市民からヘイロータイ身分に落とされた者たちの子どもであり、彼らは成人後も市民として扱われなかったことを不満に思って反乱を企てたが、未遂に終わったと前五世紀後半の叙述は伝える。

一方、前四世紀の叙述はより具体的である。スパルタ市民は出征に際して、メッセニアに勝利するまで帰国しないとの誓いを立てた。ところが戦争は長引き膠着状態が続くと、一〇年目に兵士たちの妻の代表が戦陣を訪れて、「メッセニア人は自国で戦争しているため子作りをして将来の兵士を補充できるが、自分たちは夫が帰国しないため子作りもできない」と苦情を申し立てた。そして「このままではスパルタを担う兵士も産まれず危機的だ」と述べたという。

しかし兵士たちは誓いを破れないため、誓いをなした際にはまだ未成年でそれに加わっていなかった若者を帰国させて、誰彼構わず未婚の娘たちと交わらせて子作りをさせた。戦後、この交わりから産まれた子は、ギリシア語で「処女の子」という意味のパルテニアイとよばれたが、市民として認められなかったため、それを不満に思って反乱を企てたが未遂に終わった。

前五世紀と前四世紀の叙述はそれぞれパルテニアイの身元は異なるが、市民身分を認められない者たちが不満を持ち、反乱を企てて未遂に終わったことは同じである。さらに双方の伝承はこの後、彼らがスパルタを離れて南イタリアに渡り、タラス（現ターラント）という新たなポリスを建国した点でも一致している。タラスはブーツの形状をしたイタリア半島の南部、土踏まずの部分に位置するポリスで、前三世紀前半にローマとの戦いで敗れるまでこの地域で権勢を誇った。

伝承上のパルテニアイなる存在が実在したのかについては否定的な意見が多いが、このエピソードが、メッセニア戦争を契機にスパルタ社会では身分をめぐる対立が生じ、不満に思った人たちの一部が海外に移住したことを暗示していることは認める必要があろう。この問題に加えて、メッセニアとの二度目の戦争の頃、貧富の差の拡大に不満を持った人々が土地の再分配を要求するという、さらなる不穏な動きがスパルタを覆ったことが伝えられている。

これらの状況を考慮するならば、スパルタが最も治まりの悪かったのは、メッセニア戦争のあった前七世紀であったことは明らかだ。この時期に身分をめぐる対立や経済格差の拡大が、社会の分裂を招いていたと見なして差し支えないだろう。

そしてこの問題が解決され、その後の安定の基礎を築いたのが前六世紀だと考えられる。第一次メッセニア戦争後と推定できる前六六七年にアルゴスとの戦いに大敗し、係争中の多くの地域をアルゴスに奪われたという伝えを信じるのなら、このことも社会的不安に拍車をかけたであろう。それがいかに解決されたかについて考える前に、このような苦境に陥った頃のスパルタ社会がいかなるものであったのかを説明しよう。

## ギリシアの多くのポリスが危機的に

前六世紀前半までのスパルタ社会は、他のポリスと大きく変わるところはなかった。例えばテュルタイオスと同時代の詩人であるアルクマンは、スパルタで開催されていた貴族たちの豪奢な宴会（シュンポシオン。シンポジウムの語源）の模様を作品のなかで描いている。このような貴族の酒宴は当時のギリシア全域で催されていた。

さらに決定的な証拠を考古学的成果が提示する。若者の教育の仕上げの儀式である、チーズ争奪戦が行われたアルテミス・オルティアの神域は、市街の端を流れるエウロタス川の畔にあり、スパルタ人の信仰の聖地であった。

ここで二〇世紀初頭に行われた発掘から、素晴らしい絵の描かれた陶器、テラコッタの小像や仮面、細工の施された象牙、青銅製の装飾品、そして一〇万点近い鉛製の小さな人物や動物などを象ったものなどが出土すると、それらの芸術性、完成度の高さが、文化的魅力に乏しく質実剛健であるという、従来のスパルタのイメージを完全に覆すことになった。

ギリシアを中心に、東地中海域はもとよりフランスやアルバニアなどからも、素晴らしいラコニア製の陶器やブロンズ製品が多く発見されていることも、当時、スパルタが優れた工芸品を製作し、広く対外的に知られていたことを示すものだろう。これらの出土品の年代を分析すると、前七世紀に入ると手の込んだ製品が増加して、前六世紀半ばにピークを迎えて前五世紀に入ると減少していくというカーブを描ける。そして製作者には市民も含まれており、市民に生業を禁じたという一般的なスパルタのイメージとは異なるのである。これらのデータはスパルタ社会の変化が、前六世紀半ば頃に生じたことを示唆する。

当時のギリシア世界では人口の増加、経済の発展などによる貧富の差の拡大、そしてそれらを背景に市民間の対立が顕在化して、多くのポリスが危機的な状況にあった。アテナイでも前六世紀初頭に負債の帳消しと土地の再分配の要求が強かったことが知られる。この状況を解消するために多くの人々が黒海沿岸、イタリア南部、シチリア、フランス南岸などへ移住を盛んに行う時代が前八世紀半ばから二世紀ほど続く一方で、立法家とよばれる人物が強権を委託されて国制改革を行ったりした。それゆえスパルタにおけるタラスへの移住、そして立法家とよばれたリュクルゴスの改革は、このようなギリシア全体の動きと軌を一にしていることは明らかである。

二度にわたるメッセニア戦争による生活への圧迫、さらに獲得した土地の分配をめぐる格差、アルゴスやテゲアに対する苦戦の影響、そして活発な陶器や青銅器生産などの経済活動は、生業にも関与した当時のスパルタ市民のなかに恩恵に浴した者がいる一方で、その地位や経済状況が悪化した者を多く生みだしたにちがいない。その結果、不穏な状況が生じたと見なせるのである。この難局にスパルタは他のポリスとは異なる方法で対応に成功し、安定した状態がその後、少なくとも一五〇年ほど続くことになる。ではどのような改革がなされたのかを次に見ていこう。

### リュクルゴス

先に述べたようにリュクルゴスはスパルタでは最も有名であるが、謎が多い人物でもある。リュクルゴスが実在したのかも明確な証拠はないため、近代以降も彼とその改革をめぐる議論は学界で絶えることがない。紀元後一〇〇年前後に執筆活動をしたプルタルコスは、リュクルゴスの伝記で次のようなことを述べている。

「立法者リュクルゴスについては、一般的にいうと議論の余地のないことは一つもない。じっさい、その家系と国外旅行と最期、また、とりわけ彼の法律と国制をめぐる事業にはさまざまな伝えがある。しかし、最も一致を欠いているのはこの人の生きた時代にか

んしてである。」（清永昭次訳）

これは多くの叙述家が、彼が生きた時代を前九世紀以前のスパルタ創成期と考えていたこと、そして前六世紀からプルタルコスの時代に至るまで、スパルタ人は何か新しいことを始める時に、かつてリュクルゴスが定めたものだとして、繰り返してその行為を正当化したことの結果である。

一つ言えることとは、前五世紀以降のスパルタ人が前六世紀に成立した社会を、リュクルゴスという人物が遠い昔に定めたものであると喧伝し、それを多くのギリシア人が信じたということだろう。本書では彼が実際にいたのか、そして実在したとするのなら彼が一人で改革を実施したのか、という問題に明らかな解答を見出すのは不可能なので深入りは避け、前六世紀に成立したと考えられる、スパルタを特徴づける体制について話を進めていくことにしたい。

## 高く評価された国制「大レトラ」

後世に高い評価を受けたのが国制である。リュクルゴスがデルフォイでのアポロンからの神託、もしくはアポロンの承認を得たという触れ込みで国制を定めたという。テルモピュライの戦いの説明で触れたように、スパルタ人にとって、この聖地のアポロン神のお告げは絶対的であったので、制度を守らせるのに優れた方法だと言われた。ではいかなる国制を定めたのであろうか。

その国制を制定したものは「大レトラ」とよばれている。レトラとは一般的に「契約」という意味であるが、スパルタでは「掟、法律」という意味で用いられた。この法がポリスの基本体制を定めたものであることから、後世の研究者が「大」をつけた。

そこでは市民団の編成を明確にすること、二名の王と二八名の長老から成る「長老会」を設置し、さらに市民全体から構成される「民会」で最終決議を行うこと、ただし民会決議が不適切な決定である場合、王と長老会は拒否権を行使できることなどが規定された。

この国制は、「王」が君主政、「長老会」が貴族政、さらに「民会」、そして大レトラでは述べられないが、市民から毎年任期一年で選ばれ、王をしのぐ権限を有した「五名のエフォロス（監督官）」が民主政という、三つの国制の要素を組み合わしたものと見なされた。後にローマの共和政とともに混合政体として、高い評価を受けることになるのである。

では王、長老会、民会とエフォロスとは具体的にいかなるものであったのかを簡単に紹介しよう。

## 二人の世襲の王が併存

ポリスは当初、王が存在したが間もなく姿を消して貴族政へ移行したと考えられている。実際に歴史時代（有史時代）に世襲の王家が存続していたのはスパルタのみであった。言い伝えによれば王はスパルタに定住した際の指導者の末裔であり、ヘラクレスの血筋であったため、神の血を継承したことで他のスパルタ人とは異なる存在と見なされた。さらに王家が二つあり、二名の王が併存したことは非常に珍しいことであった。それぞれアギス家、エウリュポン家という。

王家が二つあった理由として以下のような伝えがある。創成期に王が早世し、妃が双子を産んだ際に、決まりでは長子を王にするのであるが、妃が二人とも王にしたくて、どちらが長子かを言わなかった。他の者には見分けがつかなかったため、高位の者たちが対処に苦慮した結果、デルフォイの神託に従って二人とも王にした。しかしこの双子の兄弟は生涯、仲が悪かったという。それ以降も二人の王はしばしば対立し、テルモピュライの戦いの際にペルシア王の側近であったデマラトスも、もう一人の王でレオニダスの兄にあたるクレオメネス一世に反対したため、追放された過去を持つ。

デマラトスの例から明らかなように、王は絶対的な権力を持たず、追放、処刑などの憂き目に遭った者も少なからず知られている。また王同士が牽制し合うことから独裁的に振る舞うことも難しかった。その職務は、テルモピュライの戦いでレオニダスが司令官であったように、戦争の際に軍を率いること、あとは神事を司ること以外にはほとんど権限がなかった。

それゆえ前五、四世紀の叙述家は王のことを単なる公職者や軍事司令官にすぎないと述べている。また毎月、法に従うことを誓う必要もあった。他のポリスとは異なり王が存続したのも、権限が制限されていたからだと考えられた。

しかし原則的には王に任期はなく、終身その地位にいられたので、問題が生じず王位が長期に及べば大きな影響力を有したのも事実である。また神の血を引くことから一定の優遇も受け、王位を継承する長子は集団での教育も免除された（ただし次男以降は受ける義務があり、三男であったレオニダスも教育を受けた）。

さらに市民以外の身分であるペリオイコイやヘイロータイも王の葬儀への参加を義務づけられており、市民も含むスパルタの住民全体を統合する象徴でもあった。これらのことを考えれば、王の影響力もあなどれない。

### 基本方針を決める審議機関「長老会」

スパルタで年上の者に対して絶対的な敬意を表することは、前章で見た教育でも徹底されていたし、他の多くの記録でも確認できる。ローマ共和政末期に多くの著作を残し、政治家・弁論家としても有名なキケロは以下のように述べている。

「(リュサンドロスは)ラケダイモン(スパルタ)という国は、年とって住むに最もふさわしい住み場所であるといつもいっていたということである。実際ラケダイモンほどに年齢に尊敬が払われるところはどこにもないし、ラケダイモンほど老年が尊敬されるところもないのである。」(呉茂一・重田綾子訳。一部改。リュサンドロスは前五世紀末のスパルタの将軍)

長老たちが政治的に重要な位置を占めていたことは、テュルタイオスの詩『エウノミア』の現存する箇所からうかがえる。彼らは古くから王の側近として諮問機関的な役割を果たしていて、それが大レトラによって二八名の長老と二名の王、計三〇名で構成される長老会という制度として整えられたのであろう。就任資格は軍役期間が満了となる六〇歳以上で、任期は終身であった。

欠員が出ると民会で候補に対して一人一人、その者を推薦する市民が喝采し、その大きさで選出された。前四世紀の叙述家クセノフォンは、この選挙は市民にとって人生の終盤に正しく立派に生きてきたかを評価されるものであり、徳の訓練が人生を通してなされることになるために素晴らしい制度であると述べている。とはいえ王家の親戚など家柄が良く社会的地位の高い人から選抜されたらしい。

王とともに民会の決定を拒否する力を有していたことから明らかなように、その権限は大きく、王やエフォロスと連携してポリスの基本方針を決め、民会に諮る重要案件を先議する、審議機関としての役割が主たる任務であった。また重要な裁判を王やエフォロスたちとともに裁いていたことも知られている。

他の公職者の多くが一年任期で交替したため、長期的な視野での活動が難しかったのに対して、王と長老会がその欠点を補ったと見なすことができるであろう。つづいてスパルタの国制の三本柱の最後の一つ、民会とエフォロスの説明をしよう。

## 原則としては最終決定機関「民会」

ポリスの特徴として合議により政策や外交が決められることをあげることができる。すなわち専制支配のように、一個人の意思のみで決められることは初期の段階から嫌われた。当初、合議は貴族などの有力者に限られたが、その後範囲は広がり、前六世紀末までには成年男子市民全体に広がったポリスが見られるようになる。その代表がアテナイとスパルタであった。アテナイでは徐々に民会の力が強くなり、前五世紀半ばには下層市民の発言力も高まり、徹底民主政が実現した。民主主義のルーツをアテナイとするゆえんである。

一方でスパルタは、アテナイのように民主主義のモデルとして持ち出されることは少ない。大レトラで市民全体の参加を定め、民会が原則的には最終決定機関であることを規定しているが、アテナイと異なり、出席した市民に発言が認められず、彼らは議案の是非を怒号で示すことしかできなかった。そして人数に関係なく声の大きい方を決定とした。また民会決議に対して王と長老会が拒否権を有しており、これらのことから、市民各々の政治的発言力は低かったと見なされたからである。

## 五名の「エフォロス」は王を凌駕する権力を持つ

しかし一般市民の代表として、一年任期で五名選出された役職であるエフォロス（監督官）の権限の強さは、スパルタに民主政的要素があったと主張される大きな根拠となっている。例えばスパルタではその年を示す際に筆頭のエフォロスの名前でよんだ。古代ギリシアではポリスごとに紀年法が異なっており、アテナイではやはり最高位の公職者である九名のアルコンの筆頭の名前でよばれた。それゆえ歴史叙述において、ある年を示すのは複雑で、トゥキュディデスはペロポネソス戦争が始まった前四三一年を次のように示さなければならなかった。

「アルゴスではクリュシスが祭司になって四十八年目、スパルタではアイネシアスが監督官（エフォロス）の年に、またアテナイではピュトドロスが執政官（アルコン）の任期をなお二ヵ月ほど残していたときに（後略）」（藤縄謙三訳。括弧内は筆者の挿入）

すなわちこの紀年法から王ではなくエフォロスこそが、スパルタを代表する人物として見なされていたことが明らかにされる。そしてエフォロスが有する権力は、少なくとも前五世紀以降は、王を凌駕するほど絶大であった。その権力の大きさは、非合法的な独裁者である僭主に匹敵すると見なされるほどである。

王は人々から多大な敬意を表されていたため、彼らが現れると皆が起立しなければならなかったが、エフォロスだけは着席したままであることを許されたことにも、王との関係が象徴されている。

大レトラには言及されないが、前六世紀半ばには一定の権限を有していたことを、ヘロドトスが伝える。当時、王位にあったアナクサンドリダスは姪を妻として、大いに気に入っていたが子どもが産まれなかった。そこでエフォロスたちは王に出頭を求めて、離縁して新たな妻を迎えるように求めたが、王は拒否する。

するとエフォロスたちは長老たちと相談のうえ、当時のスパルタの慣習とは反するが二人目の妻を娶ることを薦め、もし受け入れられないのなら市民たちが王に何をするか分からないと脅したため、王は二人目の妻を迎えることになった。この結果、二人目の妻が子どもを産みクレオメネスと名づけられたが、同じ頃最初の妻も子を身籠もり、テルモピュライで指揮を執ったレオニダスを含めて三人の男児を産んだが、二人目の妻からはクレオメネス以外産まれなかった。

このエピソードで注目に値するのはエフォロスが王に出頭を命じていることで、それだけの権力を有していたことを示している。ただ、古典期ほどの権力はなく、王に拒否されると長老たちと協議しており、さらには一般市民の力を背景に要求を呑ませなければならなかった。とは言え、すでに一般市民にそれだけ力があったことが明らかにされているし、さらに言えばその市民の暴動を止めるという、この役職で後々まで重要な役割を見ることができる。

このことが象徴するように、主要な職責の一つが、司法、教育など広範囲にわたって、スパルタ社会の治安維持のために必要なことを監督することであった。それ以外にも出兵に際して部隊編制などを決定することに関わり、また五名のうちの二名は指揮を執る王の監視として遠征軍に帯同した。一方で、民会を取り仕切り、外交においても使節を迎え入れて民会に紹介するのも、彼らの職務であった。

エフォロスに就任したのは有力者だったと考えられているが、制度的には全市民から選ばれるため、民会の最終決定権とともに民主政的要素も決して無視できるものではなかったことは、明らかであろう。

ではこのバランスの取れた国制ゆえに、スパルタはエウノミアな社会だったと言えるであろうか。ここで説明したのはあくまでも政治制度の面に過ぎず、これだけでは安定した社会を維持するのは難しかった。それはポリス社会が本質的に抱えている欠点があるからである。スパルタはそれを独自の方法で克服することにより、エウノミアという評判を得たのだ。そこで次にポリスが抱える問題を指摘したうえで、それにスパルタはいかに対処したのかを考えてみたい。そのためにまず、ふだんあまり考えることがない「国家」とは何かを考える必要がある。

## ポリスは国家か

ポリスは一般的に英語で city-state とされ、我が国では「都市国家」と訳される。それゆえポリスを「国家」と見なすことに疑問が持たれることはなかった。しかし近年、この認識に疑義が持たれるようになり、そのことが教育などのスパルタ社会の特異性を理解することに関係するのである。学問上の定義で国家とは、社会の治安維持を可能にする機関であると見なされている。すなわち軍隊、警察など暴力を合法的に用いることのできる機関を独占して秩序を保ち、人々が安心して暮らせる社会を実現するのが国家なのである。

このように考えるとポリスを「国家」とよぶには問題が生じることになる。なぜならポリスには警察はなく、軍隊も自ら所有する武具を持って参加する市民により構成されたため、政府が暴力の行使を独占できなかった。また公職者は多くの場合、任期制であり重任も認められないため、恒常的な官吏から構成される政府組織も存在しない。裁判も専門の裁判官は存在せず、市民が陪審員としてその都度選ばれて自ら裁くか、あるいは民会や長老会などで審理することを原則としたので、ここでも司法が社会から切り離されていない。

そのため国内において何らかの犯罪や諍いが起こった場合、警察の不在のため暴力からの防衛、犯人の捕縛や裁判所への連行などは自分で行う必要がある、自己救済の世界だったのである。そこでは平和な日常を送れることが保証されていなかった。このような社会を文化人類学では「国家」と区別して「無政府社会（stateless society）」とよび、ポリスや共和政のローマをそのように捉える研究が近年、提出されている。

歴史上、秩序維持のための警察や軍が整備される以前の社会は、原則的に武力を使用する人々（戦士）が特権階級であったり、あるいは支配者が軍事力を独占したりして、犯罪の取り締まりや暴動の阻止など、治安の維持を達成したのであるが、このようなやり方が無政府社会では不可能であるという、本質的な欠陥を抱えていたのだ。

## 「ホモノイア」で社会は安定する

ではポリスを無政府社会と見なした場合、どのような弊害が起こるのであろうか。暴動や市民同士の抗争、犯罪などを取り締まる恒常的な機関の欠如という欠陥をさらに悪化させるのが、市民が武具を私有していることである。誰もが武具を所持できることが、政府にとっていかに危険であるかは、例えば豊臣秀吉の刀狩りなどが思い浮かぶかもしれないし、現在の日本社会でも武器の所持が制限されていることから明らかであろう。

集団同士の利害や政治上の対立などにおいても、各人が武器を所持しているためヤクザの抗争のように武力衝突に発展しやすい。同じように武具自弁であった共和政のローマでは、武器携行で城壁内の市街地に入ることが禁じられていた。ポリスにおいては、「スタシス」とよばれる武力衝突を含む市民間の抗争の蔓延が現実であり、これをポリスの風土病とする人さえいる。当時の思想家にとって理想のポリスとは、このような心配がない安定した社会であり、それをいかに実現させるかが課題であった。

そのためにメンバーのホモノイアが必要だとされた。ギリシア語で「ホモ」は「同じ」、「ノイア」は「心、気持ち」という意味であり、ホモノイアとは「心を一つにする」ということである（ちなみに「ホモ・サピエンス」の「ホモ」はラテン語で「人間」という意味）。

エウノミア、つまり社会的安定は、メンバーが皆、同じ考えを持つことで対立をなくすことにより実現できると考えたのであった。

スパルタ市民は「ホモイオイ」とよばれたという。「同等者」と訳すことがあるが、どちらかと言えば地位のみならず、思想や能力などの点で市民は皆、「同じ」と考えたかったのであろう。そうすれば強制的秩序維持機関を有せずとも、エウノミアの状態を得られることになるからである。

かつてムッソリーニのファシズムに抵抗した思想家・運動家グラムシは、支配のあり方を二通りに考えた。一つは法や制度での公的な支配。もう一つは支配集団が文化的に行使する支配。これを専門用語で「文化ヘゲモニー」というが、価値観や行動様式を人々に暗然と強いる形による秩序の取り方である。

この文化ヘゲモニーは独裁国家やファシズム諸国などで目立つが、これはそうではない社会でも免れていないのではないか。多様性が叫ばれていても、暗黙のうちに支配的な価値観や文化に合わせさせる圧力があり、国民を統制するうえで有利に働いていると感じることも多いだろう。強制的秩序維持機関や恒常的な政府を欠く無政府社会の場合、特にこの文化ヘゲモニーが秩序の安定のために重要となる。つまり「震える者」のところで見た同調圧力が効力を発揮するというわけだ。このことを考慮してリュクルゴス体制を考えてみよう。

## 理想のポリスに公教育は不可欠

後世に伝えられた「リュクルゴスの改革」は、政体の制定のみならず、教育や共同食事、また土地の再分配、質素な生活様式など多岐の面にわたったとされる。スパルタが無政府社会であったと想定するのなら、第二章で詳述した教育の内容は合点のいくものではないか。「従う」ことが徹底され、集団生活や年上の愛人との付き合いを通して規範的な価値観や行動様式を、繰り返して内在化させることに重きを置いていることは明らかである。さらに自我が目覚め、とかく体制や年長者に対して反抗的になる二〇代まで教育が続くことで、その内在化を確実なものにしている。

プラトンやアリストテレスの理想のポリス論でも教育が重視されており、彼らが自身のめざす教育内容と一致していないとしても、スパルタに対して高評価を与えたのは、ポリスが公的に教育を義務づけ、将来の市民の造形に責任を持ったからであろう。事実、パルテニアイのエピソード以降、社会変化が顕在化する前四世紀初頭まで、スタシスや暴動の記録は皆無であり、少なくとも一世紀半以上エウノミアを実現したことは、理想のポリスに公的な教育が不可欠であることを物語っている。

## 経済格差を感じさせない工夫とは

さらにリュクルゴスの改革として強調されるのが経済的平等である。後世の叙述では、リュクルゴスが市民の土地を再分配して均等の所有地にして、平等な社会を創出したとされる。高校の世界史でもそう教えられるが、それは誤った認識だと現在の研究は否定している。しかし市民が生業を有せずとも暮らしていける、最低限の広さの土地を所有していたことは認める必要があろう。そして市民が身を持ち崩さないように、この所有地の売買は禁止されていた。

ただしメッセニア戦争の結果、新たに獲得した地など、それ以外の土地所有も認められていて、その広さが人によって異なった結果、市民間に貧富の差は厳然とあった。それゆえ富裕ではない市民の不満が渦巻いていたと想定できる。しかし社会改造後の措置として重要なのは、富裕者が率先して富をひけらかさないようにしたことである。

つまりリュクルゴス体制下では、市民が経済格差を感じることがないような工夫をしたことが重要なのである。そこで興味深いのが、トゥキュディデスにより伝えられる以下の話である。

「今日まで通用する簡素な服装を初めて採用したのは、ラケダイモン人であって、その富裕階級は他の点でも大衆と最も均等な生活様式で暮らすようになった。」（藤縄謙三訳）

テュルタイオスが『エウノミア』で伝えた経済格差による市民の不満に対して、富裕者たちが「自発的」に富の表出を避けたことを示している。すなわち、強制的な秩序維持機関がない社会において、指導的な人々が社会にとって好ましい規範を自ら率先して導入することで、社会不安の解消を試みたのである。ここに「文化へゲモニー」の発現を見ることができるだろう。

前六世紀において、貴族たちがオリエントの影響を受けた派手な衣装、宴会などを行って富を誇示したことは、スパルタのみならずギリシア全土で見られた現象であった。しかしスパルタでは指導者たちがそのライフスタイルを棄て、一般市民と変わらぬ衣装をまとうことを是としたのである。

そして衣装とともに富の誇示を象徴する行為が食事であった。先に述べたようにアルクマンの詩はスパルタでも、貴族たちが豪華なシュンポシオンを楽しんでいたことを知らせる。しかし社会改造の一環として夕餉をさまざまな財力の軍隊仲間で摂る共同食事が導入された。これに参加することを市民資格と直結させたため、富裕者のみのシュンポシオンの開催は不可能となり、かつ献立は国外でも有名になるほど質素なものであった。

そして市民全員の食事に差をつけないことで、経済格差の表出をここでも封じ込めた。さらに毎晩、共同食事仲間が集い、ポリスにとって好ましい行為などの倫理的な問題を論じることで、行動様式などの規範の均一化を推進したのであった。これも無政府社会を秩序立てるために効力を発揮したであろう。

## 徹底的に実用性を重視

もう一つ、市民の富の差を明確にするものとして葬儀を指摘できる。ギリシア全体で前六世紀以降、葬送を質素にすることを定めた法が施行されるなど、この点で富の誇示を戒める傾向が強くなった。この動向は一般民衆の勢力が拡大するにあたって、スパルタ以外でもあからさまに富を見せつけることを憚る必要があったことを示す。しかしこの点でもスパルタは、はるかに徹底していた。

スパルタで墓に名前を刻めるのは、男性なら戦死した者、女性は出産で命を落とした者だけであり、発掘された墓碑銘でも証明されている。そしてその場合でも名前のほかには、「戦争で」、「出産で」以外のことを記すことは認められていなかった。ただし例外的に王の葬儀はすでに述べたように、市民のみならずペリオイコイやヘイロータイの参加が義務づけられた、豪華なものであった。

貧富の差を促進する貨幣は前六世紀後半に入るとギリシアでも使用されるようになるが、スパルタでは当時主流であった銀貨などの貴金属貨幣の使用は抑制され、ほぼ価値のない嵩のある棒状の鉄貨が導入された。これにより富を手軽に蓄積できなくなり、かつ贅沢品などの輸入を自然と抑制することに成功したという。海外の商人からすれば無価値の鉄貨を代金として得ても意味がないので、この地には商品を持ち込まなくなったからである。そのため経済的な活気を失ったが、市民間に富の格差が広がることを抑止することができた。

家具や食器などの日用品も徹底的に実用性を重視したものが生産され、装飾が施された富を象徴するようなものは消えていった。先に述べたようにアルテミス女神の神域で発掘された手の込んだ品々、そして海外で発見される見事な青銅器や陶器も前六世紀後半から数が減少することも、この時期を境に生じた社会の変化を示唆する。このようにスパルタでは政体の変化のみならず大がかりな社会改造がなされたのである。

## 市民身分の確定

最後にこれらの一連の社会改革を可能にした要因を考えてみよう。一九八〇年代に行われたイギリスの調査隊により、この時期のスパルタ社会の大きな変化が新たに示され、多くの研究者を驚愕させた。市街地の周囲は前六世紀半ばまで無人の地であったが、その後、急速に独立農場が増加する一方で、北隣に新たなペリオイコイのポリス(セラシア)が出現したことを明らかにしたからである。そしてこの現象が生じた要因は従来の認識からは理解できないものであった。いったい何が起こったのであろうか。

そこで大レトラに市民の身分と編成に関する条項がある点に注目したい。前六世紀半ばに行った市民団の再編とは、具体的に何を意味するのか。メッセニア戦争の結果、貧富の差が広がり不満が高じていたこと、そしてパルテニアイのエピソードにおいて、市民身分をめぐって諍いがあったことが伝えられていることを考慮するなら、おそらく大レトラで規定されたのは、市民身分の再認定であり、ここで市民団から除外された人々がいたことを示唆していると思えるのである。

すなわち次のように考えることができる。前七世紀から前六世紀にかけて、メッセニア戦争や経済的活況の結果、市民のうち富裕化する人々と経済的に困窮する人々の間の格差が広がり、それが社会不安をもたらしていた。この際、一部の人々は新天地を求めて海外に移住した。タラスへの大量の移住が前七世紀後半以降に生じたのもこの動きによるものであろう。

このような危機において、王たち指導者層はアポロンの承認を得たとして、大レトラを制定した。その際に国制を制定するとともに、一定の財産に達しない者を市民団から除外する。その際、除外された人々は市街近郊に土地を与えられ、ペリオイコイとして再出発した。事実、考古学的成果で明らかにされた独立農場の規模から、ヘイロータイの土地にしては広すぎており、出土した家具なども考慮すれば、この農場の主はペリオイコイ身分だと推定されている。この時ペリオイコイとされた者たちの一部はセラシアというポリスを建てたのであろう。しかし他の者たちは自らのポリスを有せずスパルタに所属して、ここに身分としてのペリオイコイが生み出されたと考えることが可能である。

右記のように想定すれば、市民全員に対して一定の経済的負担を前提とする子弟の教育、共同食事への参加を義務づけることで、社会規範を内在化する制度を可能にした。さらに武具自弁を原則とするギリシア人の軍隊は、一定の財産保有者以外は重装歩兵として従軍できず、軽装兵などの補助的な役割か船の漕ぎ手で参戦したが、スパルタは市民全員が重装歩兵として従軍が可能となり、また生業を禁じて平時でも訓練に勤しむようにしたため、強力な軍の編制が可能であった。

これらの一連の社会改造により再生したスパルタは、前六世紀後半から対外的に飛躍的な勢力拡大に成功し、その威勢は広く知れ渡りギリシア世界で主導的な役割を果たすことになる。そこで次章ではスパルタの対外的活動を見ていこう。

# 第四章　ギリシアの覇者

## スパルタの対外関係

スパルタは当初は対外的に強大な勢力とは言えなかったが、前六世紀半ばから、めざましく勢力を拡大していく。前五四五年頃にはペロポネソス半島で最大の勢力となり、前六世紀後半にはギリシア最古の攻守同盟「ペロポネソス同盟」の盟主に。本章ではスパルタがギリシアの覇権を維持し、絶頂にいたるまでの対外関係を本章では見ていく。

【第四章　関連年表】

前五二〇年頃　アギス家のクレオメネス一世がスパルタ王に即位（〜前四九〇年頃）。
前六世紀末　スパルタを盟主とする攻守同盟「ペロポネソス同盟」が結成される。
前五一〇年　アテナイの僭主ヒッピアスを市民が追放。
前四九一年頃　クレオメネスが同僚の王、デマラトスを廃位に追い込む。
前四九〇年頃　クレオメネス一世の王位を、弟のレオニダス一世が継ぐ（〜前四八〇年）。
前四八〇年　テルモピュライの戦いで、レオニダスが戦死。
前四七八年　アテナイを盟主とする海上同盟「デロス同盟」が結成される。
前四七六年　アルキダモス二世がスパルタ王に即位（〜前四二七年）。
前四六五年頃　ラコニア地方で大地震が起こり、スパルタが大打撃を受ける。

前四六〇年頃　第一次ペロポネソス戦争（ペロポネソス同盟vsデロス同盟。～前四四六年）。
前四四六年　スパルタとアテナイが三〇年の休戦協定を締結。
前四三一年　ペロポネソス戦争が勃発。
前四二五年　スファクテリアの攻防戦で、スパルタが降伏。
前四二一年　スパルタとアテナイが和約「ニキアスの和」を締結。
前四一八年　マンティネイアの戦いで、ペロポネソス同盟軍がアルゴスと同盟軍を破る。
前四一五年　アテナイがシチリア遠征を開始。
前四一三年　スパルタがシチリアに軍を派遣。アテナイ遠征軍は敗北を蒙り、ほぼ全滅。
前四〇八年　リュサンドロスがスパルタ海軍総督に就任。スパルタの立場が好転する。
前四〇六年　アルギヌーサイの海戦で、スパルタが大敗北。再び形勢が逆転。
前四〇五年　アイゴスポタモイの海戦で、スパルタがアテナイ艦隊を壊滅させる。
前四〇四年　ペロポネソス戦争でアテナイが降伏。スパルタを中心としたペロポネソス同盟軍が勝利。スパルタはギリシアの覇権を維持し、勢力が絶頂を迎える。

テッサリア
ケルキュラ島
テルモピュライ
エウボイア島
タナグラ
プラタイア
アテナイ
コリントス
ペロポネソス半島
メガラ
アッティカ
エーゲ海
アルカディア
サラミス
スパルタ
メッセニア
ラコニア地方
デロス
アケメネス朝ペルシア
リュディア

## 領土併合という方針を棄てて、同盟へ

メッセニア征服後、スパルタの次なるターゲットは北隣に位置するテゲアであった。しかし戦局は芳しくなく、ヘロドトスは次のような話を伝えている。スパルタ人は捕虜を繋ぐために足枷を持参して遠征したが敗れ、捕虜となった者は逆にその足枷を嵌められて土地の測量をさせられた。そしてこの時、捕獲した足枷は後々までテゲアのアテナ女神の神殿に吊されていたという。

そこでいかにしたらテゲアに勝てるかをデルフォイのアポロンに問うと、「オレステス（トロイア戦争の際の総大将であったアガメムノンの子）の遺骨を持ち帰れば勝てる」という神託を受けた。スパルタ市民のリカスが、テゲアと敵対関係にない時にテゲアを旅した際、鍛冶屋の庭に巨大な骨があることを知り、そのことを報告すると当局はそれをオレステスの遺骨と見なし、リカスは一計を案じてスパルタに運んだ。すると勝利を重ねて優位に立つことができた。

この成功は社会改造と同じ前六世紀半ば頃と考えられ、その勢威は当時、アケメネス朝と戦おうとしていたリュディア王クロイソスが知るところとなる。そこで彼はスパルタをギリシア一の強国と見なして同盟を結ぶことにした。

スパルタ軍がテゲアへ足枷を持参して遠征した点に関して、メッセニアと同じくこの地を併合して、住民をヘイロータイにしようとしたことが暗示されていると見なす研究者もいる。しかしうまくいかないため領土併合という方針を棄て、周囲のポリスに対する覇権の行使に切り替えたことにより、対外政策を有利に進めることができるようになったというのである。

このように考えるなら、ギリシア最初の軍事同盟であるペロポネソス同盟の結成に向けた動きがここに始まり、前六世紀の終わりにはペロポネソス半島の多くのポリスがスパルタと同盟を結び、スパルタの勢力の基盤を形成するに至ったと見なすことができる。

ペロポネソス同盟はスパルタが各ポリスと個別に結んだ攻守同盟の総体であり、メンバーはスパルタの軍事行動に参加する条件であったが、従軍への拒否権があり、同盟総会でスパルタの方針に反対することもできた。それゆえスパルタの指導力は絶対的なものではなかったが、テルモピュライの戦いでもこの同盟軍がギリシア連合軍の中核を成しており、その後も長い間、スパルタの軍事力を支えることになる。

## スパルタ側で唯一生き残ったオトリュアデス

ペロポネソス同盟結成を促したスパルタの対外的躍進のもう一つの要因は、アルゴスに対する勝利である。先に述べたようにスパルタは前七世紀半ばに戦いに敗れ、ラコニア東部の地域はアルゴスに帰属していた。しかしテゲアに勝利した少し後に形勢が逆転することになる。

両ポリスの境界にあるテュレアという地域をめぐって両軍が対峙すると、話し合いの結果、双方より三〇〇名の代表を選出して決着をつけることにして、残りの部隊は戦いの場にいると加勢しかねないので引き上げた。この三〇〇という数字から、スパルタ側は王の親衛隊である騎兵隊が戦ったと推測できる。

この戦いは壮絶を極め、最終的に日没の時点でアルゴス軍は二名、スパルタ側ではオトリュアデスのみが生き残った。アルゴス側の二名は、自分たちの方が生き残った数が多いので勝利したと思い帰還したが、オトリュアデスはそこに踏みとどまり、敵の戦死者から武具を剝ぎ取ってから戦列での自分の位置に戻り、夜が明けるのを待った。彼の行為は、当時のギリシアの戦闘における勝者の行為をなぞったものであったため、一名しか生き残らなかったとしてもスパルタ軍の勝利を宣言する根拠となった。

密集隊形同士の戦闘において敵の猛攻を支えきれず戦陣が崩れると、敗者は向きを変えて敗走に転ずる。その地点に勝者が敵の戦死者から剝ぎ取った武具を木の枝などで作った柱などに吊して戦勝記念碑とするのが当時の習わしであった。そのため「向きを変える」という意味のトロペーから、戦勝記念碑を意味するトロパイオン（tropaion）という語が生まれた。こんにち競技で勝者が手にするトロフィー（trophy）の語源である。

通常、戦陣を崩して逃げた側が、使者を立てて戦場に残った仲間の遺体の回収を敵に申し出ることが、敗北を認める行為であった。勝者は戦利品として遺体から武具を剝ぎ取った後に、その申し出を認めた。剝ぎ取った武具の多くは母国の神殿に吊したが、一部を勝敗が決した地点に戦勝記念碑として誇示したのである。

翌朝、両軍が戦場に戻ってくると双方が勝利を主張して譲らず全面的な戦闘へと至り、スパルタ軍が勝利してテュレアを領有した。それまでアルゴス人の成年男子は長髪だったが、テュレア奪還までこの屈辱を忘れないように長髪を禁じ短く刈り上げ、婦女子が黄金の装飾品を身につけることを認めない掟を作った。するとスパルタ人はこれまでは髪を伸ばさなかったのに、これ以降、成年男子は髪を伸ばす反対の掟を作ったという。これには異論があってクセノフォンは、「スパルタ人の長髪はその姿をより高く、より堂々と、より恐ろしく見せる効用があると信じていたからだ」と述べている。

結局、スパルタの勝利で終わったこの戦いであるが、当のオトリュアデスは他の戦友が全て戦死したのに、自分だけ生きて帰還はできないと自ら命を絶った。このエピソードは、後にテルモピュライの玉砕と並んで戦友と生死をともにし、死を恐れないスパルタ人の生き方をイメージさせることになる。このようにアルゴスに対しても優位を得て、スパルタはペロポネソス半島最大の勢力となった。しかしアルゴスとの敵対関係はこの後も続くことになる。

## クレオメネス一世

前六世紀も終わりに近づくと、アギス家のクレオメネス一世が即位した（在位前五二〇年頃～前四九〇年頃）。彼の長期にわたる治世は、多くのエピソードで彩られ、特に対外的に積極的であった印象を与えている。

当時アテナイではペイシストラトス家の僭主政が半世紀続いており、暴政化して嫌われたペイシストラトスの子であるヒッピアスを追放する動きが高まっていた。クレオメネスはその打倒の手助けをして成功したが（前五一〇年）、イサゴラスを擁立して影響力を得ることには失敗した（前五〇六年）。イサゴラスの政敵で僭主追放後に主導権を握ったクレイステネスこそ、大規模な国制改革や市民団の再編を行って、アテナイに民主政の基礎を据えた人物である。

クレオメネスの失敗の大きな要因は同盟国コリントス、そして同僚の王であったエウリュポン家のデマラトスの反対にあった。この混乱の結果、二名の王が遠征に一緒に従軍する習わしをやめて、一人のみが指揮を執ることになった。そしてそれまで遠征の際にはカストルとポリュデウケスの双子の神々（双子座が示すもので、二神合わせてディオスクーロイと言い、二王制のスパルタで特に崇拝されていた）の神像を帯同していたが、これ以降、一つは本国に残すようになったという。またコリントスの行動からは、ペロポネソス同盟内における各メンバーの自律性がうかがえる。

## 聡明だった王の娘

しかし前四九九年にペルシアに反乱を起こした、小アジアのイオニア地方のギリシア人たちに援助を求められた際は断った。その時、使節のアリスタゴラスは謁見すると、アジアの富の大きさを示してペルシア遠征に誘ったが、クレオメネスはペルシアの首都の一つ（ペルシアには首都が数カ所あった）、スサまでの遠さを聞いて驚き、その要請を退けたのである。

そこでアリスタゴラスが今度は私的に彼の家を訪ねてきた。会見した部屋には当時九歳くらいの王女ゴルゴがいたので、アリスタゴラスは彼女の退出を望むが、クレオメネスは「子どもだから気にする必要はない」と返答する。するとアリスタゴラスは「もし遠征してくれるなら大金を贈る」と提案したが、それも拒絶されると、さらにその金額をつり上げていった。そこにゴルゴが話に割って入り、

「お父様、もう席をお立ちなさいませ。そうでないと、お父様はこの外国人に買収されておしまいになりますよ。」（ヘロドトス『歴史』岩波文庫　松平千秋訳）

と述べたという。クレオメネスは娘の言葉を聞き入れ、会見を打ち切ったため買収は失敗に終わった。これはスパルタの女性の聡明さを示すエピソードの一つに数えられている。後に彼女は叔父にあたるレオニダスの妻となった。

アリスタゴラスはこの後アテナイに赴き、やはりアジアの富を示すとともに、自分たちの祖先がアテナイからの植民者であることを持ち出し（当時、そのように考えられていた）、

最終的にアテナイからの援軍を得ることに成功する。クレオメネス一人では失敗したのに三万人のアテナイ人相手だとうまくいったことから、ヘロドトスは「一人よりも多数を相手にした方が騙しやすいらしい」と感想を述べている。このアテナイの援軍こそ、ペルシア戦争の原因となるものである。

その後、クレオメネスはギリシア内での出来事には積極的に関与し、特にアルゴスとの戦いで勝利を得た。しかしこの戦いでは相手が逃げ込んだ聖なる森に放火して、多くの兵士を焼き殺した。ギリシア人の世界では神域に逃げ込めば、そこは人間の手を離れて神々の管轄下となり、犯罪者や敵であっても手を出すことはタブーであったため、クレオメネスの行為は非難されることになった。

一方でアルゴスはこの敗戦により大半の成人男性がいなくなったため、その子たちが成人するまで、奴隷にポリスの運営を任さざるを得なくなったという。そして勢力の回復に多くの年月を費やすことになり、スパルタにとって東方の脅威がしばらくの間、大幅に軽減したのであった。

## 同僚の王を廃位に追い込み……

さらに同僚の王デマラトスがしばしば対立的態度を取るので、策略をめぐらして廃位に追い込んだ。しかしこの際にデルフォイの神官に偽りの託宣をさせた嫌疑をかけられ、外国に亡命せざるを得なくなってしまう。そしてアルカディアの人々にスパルタを攻撃するように働きかけたため、それを恐れたスパルタ当局は帰国を認めることにした。

彼は帰国すると狂気に陥り、誰彼かまわず殴ったりするので、家族によって足枷に繋がれてしまった。その際に監視していたヘイロータイを脅して短剣を受け取ると、脛《すね》から身体を刻み始め、腹に達したところで縦に切り裂き絶命したという。これがマラトンの戦いがあった前四九〇年頃のことと考えられている。彼の王位を継いだのが、弟でテルモピュライの戦いで指揮を執ったレオニダスである。

## アテナイの台頭

第一章で述べたように、レオニダスの生涯はペルシア戦争に彩られたものであり、前四八〇年のテルモピュライの戦いで壮絶な死を遂げた。しかしその後、アテナイ人テミストクレスが率いる、アテナイを中心とするギリシア連合艦隊が、サラミスの海戦で決定的な勝利を得た。

翌年夏のギリシア中部プラタイアにおける最終決戦に、スパルタは五〇〇〇人の市民軍を派遣して勝利の立役者となる。レオニダスの王位を継いだ彼の子がまだ幼少であったため、その摂政を務めて、この戦いの総大将であったレオニダスの甥、パウサニアスはその後もギリシア連合軍を指揮して、キュプロスやビュザンティオン（現イスタンブール）をアケメネス朝から奪還した。

しかし彼は、その粗暴な行動が他のギリシア人に嫌われ、ペルシアとの内通を疑われたため、本国に召還されてしまう。その後スパルタを離れたが、再び帰国した折にヘイロータイと共謀して反乱を起こそうとしたり、またペルシアと内通したためスパルタ当局が捕縛を試みた。

ところが彼はその寸前にスパルタのアクロポリスにあるアテナ女神の神殿に逃げ込む。すると先に述べたように神殿に当局は直接手が出せないため、神殿の周りを塞いで外に出られなくした。最終的に餓死寸前に引きずり出されて非業の最期を遂げたのであった。

ギリシア連合軍は司令官のパウサニアスが去った後、アテナイに指揮を委ねた。これが後のデロス同盟の始まりである。デロス同盟はペルシアの再来に備えた、アテナイを盟主とする艦隊を中心とした海上同盟であり、ペロポネソス同盟に対抗する軍事勢力となった。

本部を、ほぼエーゲ海の中央に位置しアポロンの聖域があったデロス島に置いたため、後世の研究者にデロス同盟とよばれている。

メンバーのポリスは軍艦を提供するか、艦隊の運営資金を支払うかのいずれかを求められ、多くのポリスがお金を払ったため、後にアテナイの重要な財源となった。アテナイはペルシア戦争で頭角を現し、ここに名実ともにギリシアにおけるスパルタの対抗勢力として存在感を発揮することになる。

## 大地震とヘイロータイの反乱

スパルタのペルシア戦争後の状況は必ずしも順調ではなかった。前四六五年頃、ラコニア地方を大きな地震が襲い、後世の伝えによればスパルタで倒壊を免れた家は五軒だけだったという。スパルタが大きな打撃を受けると、ヘイロータイが蜂起し混乱に拍車をかけることになった。特にメッセニアのヘイロータイはイトメ山に立て籠もり、麾下のペロポネソス同盟に参加しているポリスだけではなく、アテナイにも救援を頼まざるを得ないほど鎮圧は難航する。

ヘイロータイはスパルタ市民の所有地を耕作し、収穫物の半分を貢納する義務を負っており、生活は苦しかった。また市民の生活の世話などもさせられたらしい。プラタイアの戦いに市民一人につき七人のヘイロータイが動員されたように、戦争では雑務係や補助的な戦力として従軍を求められた。このような境遇により、市民に対する不満を募らせていったに違いない。

## 反スパルタ感情の高まり

この際、救援に来たアテナイ軍を、スパルタに民主政的な機運が持ち込まれることを嫌って、体よく追い返してしまう。すると侮辱されたと感じたアテナイ人の反スパルタ感情を喚起してしまい、これ以降、アテナイは一貫してスパルタに対して敵対行動を取るようになった。

一〇年後、立て籠もった者たちがペロポネソス半島の外へ出ることで、この反乱が終結した際にも、アテナイは彼らの一部を当時領有していたコリントス湾の要衝、ナウパクトスに迎え入れた。彼らはその後もメッセニア人を名乗り続け、後のアテナイとスパルタの戦争では、アテナイ側で参戦してスパルタを苦しめることになる。

ヘイロータイの反乱を経験したスパルタは、彼らの統制が大きな問題として突きつけられることになった。そこで彼らに対する仕打ちが厳しくなったらしい。例えば第二章で述べた有能なヘイロータイの暗殺を任務とする、若者によるクリュプテイアはこの反乱以降に制定されたものであり、古くから存在したわけではないと現在では見なす傾向にある。

あるいはヘイロータイへのおぞましい仕打ちについて、トゥキュディデスは時代を特定しないで次のようなエピソードを伝える。スパルタ人がヘイロータイを恐れて、彼らに対して戦争で活躍した者をその身分から解放すると宣言して、自分でそう思う者たちを募り、試験の結果、二〇〇〇人を選抜した。

彼らに冠を与え、解放の報告のため聖域を巡回させたが、彼らの消息はその後、途絶えてしまったという。このようにして有能なヘイロータイを抹殺したとされるが、この話が事実なら反乱以降のことだろう。

## 第一次ペロポネソス戦争

ヘイロータイの反乱の一件以降、アテナイでは親スパルタの指導者が失脚してしまい、スパルタと敵対的なアルゴスやテッサリアとの同盟の締結など、反スパルタ政策が推進された。その結果、両者は対立を繰り返すことになる。そのためこの時期の対立は第一次ペロポネソス戦争とよばれることもある。

前四五七年頃には、ギリシア中部ボイオティア地方のタナグラで大規模な軍事衝突をした。激烈な戦いで双方とも多大な損害を蒙ったが、スパルタ軍が勝利を得た。しかしその後、彼らは帰国してしまったため、この地域はアテナイの勢力圏内に入ることになる。この際、なぜスパルタが帰国したのかに関しては、さまざまな議論があるが、後に詳しく述べるように、当時、スパルタでは市民数の減少が深刻な問題になりつつあり、これ以上の戦闘による損失を防ぐ意味があったのかもしれない。

さらにアテナイはスパルタの勢力圏を次々と侵食して自らの傘下に置くことに成功する。そのためスパルタの状況は圧倒的に不利となった。当時、アケメネス朝の脅威もほぼなくなり、デロス同盟への貢納金の支払いの必要性が減じたのに加え、アテナイの強圧的なやり方に不満を抱いたポリスがスパルタを頼るようになるが、その際も対応の拙さが続き、アテナイの勢力拡大を許してしまった。

ところが前四四〇年代に入り、ボイオティア、さらにアテナイ近隣のメガラやエウボイアなどがアテナイに反旗を翻すと、スパルタは軍をアテナイ領内に進めて一定の勢力回復を果たすことに成功する。すると情勢を安定させるためアテナイと前四四六年に三〇年の休戦協定を結び、ひとまず第一次ペロポネソス戦争は終わることになった。

しかしその後もアテナイとの関係は改善せず、最終的に両者は二七年に及んだ、ギリシアの大部分を巻き込むことになる、全面的な戦争へと突き進んでいくのである。ペロポネソス戦争とよばれるものである。

## ペロポネソス戦争の開戦

全面戦争の発端はアテナイ、スパルタともに遠く離れた場所からもたらされた。一つはギリシアの西部、イタリア半島との間の海域である、イオニア海に浮かぶケルキュラ島（イギリス統治時代にはコルフ島とよばれた）の内紛。それに加えデロス同盟に属していたエーゲ海北岸の要衝ポテイダイアのアテナイからの離反であった。双方ともスパルタとは無関係だが、ペロポネソス同盟の主力メンバーであるコリントスにとって重要な事件であった。ケルキュラもポテイダイアもコリントスが建てたとされたポリスであったからである。

コリントスとケルキュラとの関係は当時、最悪であり、ケルキュラ市民間の対立をきっかけに片方の勢力がコリントスへ援助を頼むと、対立する勢力がアテナイに接近した。アテナイがこの要請を受けて艦隊を派遣したため、前四三三年にはコリントス艦隊はケルキュラとの海戦で敗北してしまう。

一方、ポテイダイアの離反にもコリントスは援軍を送ったが、アテナイ軍に封鎖され苦境に陥っていた。そこでペロポネソス同盟の会議の招集を求め、スパルタにアテナイとの開戦を迫ったのである。

この会議でコリントスはスパルタのアテナイへの消極的な対応が、目下の危機的な状況を招いていると非難し、もし開戦しないのなら同盟からの離脱を仄めかした。他の同盟国からもアテナイへの不満が述べられ、スパルタでもエフォロスの一人、ステネライダスが開戦を主張したが、王のアルキダモスは慎重な態度を取る。

しかしその是非をステネライダスは民会での決定に持ち込み、それも議場において賛成、反対に分かれて集まり、多い方で決定することにした。戦争を恐れ臆病と思われることを何よりも嫌った市民は、大半が開戦を支持する方に集まることになり、開戦が決定された。

当時、両ポリスは前四四六年に結んだ三〇年の休戦協定期間中のため、スパルタはアテナイが呑めない最後通牒を突きつけ、その拒否を受けて宣戦した。そしてここに多くのポリスを巻き込み、長期におよんだ大戦争が始まるのである。

## 後世への教訓

ペロポネソス戦争の開戦に至るプロセスは、後の国際政治学者などに多大な教訓を与えている。大作『歴史の研究』を執筆して一世を風靡した、イギリスの古代史学者であったトインビーは、サラエボでのオーストリア皇太子夫妻暗殺をきっかけに、ヨーロッパのみならず世界の多くの地域が関与することになる第一次世界大戦が始まった時に、その状況がペロポネソス戦争の開戦時に酷似していると見なし、その大作のインスピレーションを得たという。またこの戦争の開戦要因をヒントにして、近年「トゥキュディデスの罠」という言葉で、現代の不安定な国際情勢を語ることも多い。

この戦争は主として、同時代に生き、この戦争でアテナイ軍を指揮した経験もある、アテナイ人トゥキュディデスの『歴史』を通して知られている。この著作は一方で、国際政治学を学ぶものにとっては欠かせない一冊である。なぜならきわめて現実主義的な視点から冷徹にポリス間の国際関係の推移を描き、弱肉強食で力が正義という非情な現実を明らかにしており、そこから近代以降の国際政治や国際関係の真理を読み取れると考えられたからである。アメリカでは大学生が教養課程で読むべき一冊にも含まれているという。

トゥキュディデスは両ポリスが戦争に至った要因に関して、ケルキュラやポテイダイアの件を詳細に述べるとともに、その背後にある国際関係の構造的な問題を指摘している。すなわちアテナイの勢力が日に日に増大していることに対して、スパルタが恐怖を感じたことにこそ、これらの問題を機にスパルタ人を戦争に踏み切らせた要因があったと主張するのである。

このことに着想を得て二〇一五年、国際政治学者グレアム・アリソンが「トゥキュディデスの罠」という言葉で、当時悪化しつつある米中関係を論じた。過去五〇〇年の間に急速に台頭する国が、これまでの国際関係のパワーバランスに変化を生じさせた一六の状況において、それを阻止するために旧来の大国が戦争を起こしたことを一二例、確認できる。このような状態が生じることをアリソンは「トゥキュディデスの罠」とよび、当時、経済的な成長著しい中国を新興国、冷戦終結後の唯一の超大国であるアメリカ合衆国を旧来の覇権国と見なし、この罠にはまって最悪の事態にならないよう、両国の首脳に対話を提言した。

この「トゥキュディデスの罠」という見方がペロポネソス戦争の開戦要因として、どの程度、重要であったのかについて明言はできない。しかし現在と同じく、古代ギリシアの国際関係における勢力関係も移ろいやすく、トゥキュディデス自身、他の箇所で弱みを見せれば、相手につけ込まれて覇権を失うと述べ、弱肉強食で力が全てであった世界であることを明らかにしている。

　そのため直接的な利害ではないとしても、ケルキュラやポテイダイアの問題を看過することは覇権国としての地位を自ら棄て、他国の支配に屈することを意味するとスパルタも認識していたからこそ、地獄の門を開かざるを得なかったことは否定できないであろう。

では次にこの戦争の過程を見てみよう。

## スパルタ軍が降伏

　この戦争を始めるにあたって、アテナイの指導者ペリクレスは陸上で強力なスパルタと本格的な戦闘を避けることとし、郊外で農家を営んでいた市民を城壁内に疎開させた。その代わりに優勢な海軍により、スパルタ領の沿岸などを攻撃する方針を立て、戦局もそのように推移していった。

　毎年、夏になるとスパルタ王アルキダモスは、アテナイの位置するアッティカ地方にペロポネソス同盟軍を率いて侵攻し、その地を荒らすことを繰り返した。そのためこの戦争の前半を彼の名を取ってアルキダモス戦争とよぶことがある。

一方でアテナイでは開戦後間もなく疫病が流行り、城壁内への疎開で過密になり悪化した住環境もあり、パンデミック状態になった。このため指導者ペリクレスを含む多数の住民が命を落とすというアクシデントに見舞われる。

しかしその強力な艦隊が盛んに活動を展開して、戦局そのものに多大な影を落とすことはなかった。他にもエーゲ海北岸、ギリシア中部、ケルキュラ方面など、各地で戦闘が展開されたが、双方、決め手を欠く状態で戦争は進むことになる。

大きな転機は開戦七年目の前四二五年に訪れた。スパルタ領のメッセニア地方ピュロス沿岸のスファクテリア島でスパルタ軍が攻囲され、降伏したからである。この際、反乱後にナウパクトスに居住したメッセニア人たちが、同じ方言をしゃべるために現地のメッセニア人に紛れることができ、後方からスパルタ軍を混乱させてアテナイの勝利に貢献した。

どのような苦境でも死ぬまで戦い続けるイメージが強かったスパルタ人が降伏したことは、ギリシア中に大きな驚きをもたらすとともに、スパルタにとって一二〇人の市民を捕虜に取られたことは大きな痛手となった。なぜなら当時、市民数の減少が深刻な社会問題となっていたからである。スパルタは非常に動揺し、捕虜となった市民の返還のため和平を申し入れた。しかしアテナイ側は応ぜず、翌年にはスパルタの海上活動の拠点であったキュテラ島を占拠し、ラコニア沿岸を荒らし回り、アテナイが優勢になったように見えた。

しかしここでスパルタを救ったのがブラシダスという将軍である。彼は寡黙なスパルタ人の中にあって弁舌に優れ、エーゲ海北岸のポリスを次々とデロス同盟から離反させた。また軍事の才にも恵まれ、幾度となくペロポネソス同盟軍とブラシディオイとよばれた、ヘイロータイから募った部隊を率いて勝利を得て、戦局挽回を進めた。しかし前四二二年暮れに、エーゲ海北岸の要衝、アンフィポリスの奪還を試みたアテナイ軍と会戦し、敵将クレオンを戦死させ勝利に導くが、彼自身も戦死を遂げてしまう。双方の戦争推進派であったこの両名が舞台から去ったため両国に和平の機運が高まり、前四二一年に和約が締結され（当時のアテナイの指導者の名を採って「ニキアスの和」とよぶ）、スファクテリアでの捕虜も返還された。

## 戦間期の動き

ところがこの和約によりスパルタに平穏な日々が戻ることはなかった。翌年、スパルタと仇敵アルゴスとの間に結ばれた三〇年の休戦協定が終わると、アルゴスは早速、エリスやマンティネイア、そしてアテナイなどと手を結び、反スパルタ的な活動を積極的に主導する。

そのため前四一八年にはペロポネソス半島中部、アルカディア地方のマンティネイアで、スパルタ王アギス二世が率いるペロポネソス同盟軍とアルゴスとその同盟軍の間で一大会戦がなされた。この戦いでスパルタは勝利を収め、ペロポネソス半島内の情勢をなんとか安定させた。

前四一五年にアテナイはシチリアに勢力を伸ばそうとして、大規模な遠征に乗り出す。その際、主唱者の一人であり、遠征軍の司令官の一人でもあったアルキビアデスが、神聖冒瀆などの罪でアテナイに召還されると、彼はスパルタに逃亡した。そしてアテナイに対抗してスパルタも、シチリア最大のポリスで、当時アテナイの攻撃に晒《さら》されていたシュラクサイ援護のためにシチリアに軍を動員すること、またアテナイと戦う際に郊外に軍を常駐させることが有効だという策を授けた。その後、王妃との密通の疑いなどで彼への反感が強まるとこの地を離れるが、そのアイディアはスパルタにとって大きな成果をもたらすことになる。

まずギュリッポスを司令官としてシチリアに軍を派遣すると、その加勢もあり前四一三年にはアテナイ遠征軍はシュラクサイ軍に壊滅的な敗北を蒙り、ほぼ全滅してしまう。そのためその覇権は広範囲にわたって大きく動揺することになる。

## デケレイア戦争

前四一三年にアテナイが、ラコニア沿岸へ攻撃を加えたことにより「ニキアスの和」が破綻すると、スパルタもアッティカへの侵入を再開した。そこでアルキビアデスの助言に従って都市部近郊のデケレイアに軍を常駐させた。このためペロポネソス戦争後半はデケレイア戦争とよばれることがある。

その結果、都市部に疎開していた農民たちは、それまでスパルタ軍が夏の終わりに引き上げると自分の農地に戻れたが（アルキダモスの作戦期間は最長でも四〇日だった）、それが不可能になり苦しい立場に追い込まれてしまう。加えて多くの奴隷が常駐しているペロポネソス同盟の陣営に逃亡したため、アテナイの情勢はさらに悪化した。

スパルタはアテナイに勝つためには海軍が不可欠と考え、デケレイア戦争では海軍の拡充に力を注いだが、その維持には莫大な費用がかかった。そこでこの時期、シチリア遠征の失敗や同盟国の離反などの打撃を受けたアテナイとともに、戦費が不足することになる。

そこで双方ともかつての不俱戴天の敵、アケメネス朝との連携を模索したのであった。

## 立役者はリュサンドロス

この点でもスパルタが有利に交渉を進めていたが、アケメネス朝は、スパルタからペルシアに逃れたアルキビアデスの助言もあり、スパルタが圧倒的に有利になることを嫌い、曖昧な態度を取った。そのうちにアテナイも戦局を挽回して、再び優位に立つことになる。しかしこの状況を打開したのが、この戦争でスパルタに勝利をもたらしたリュサンドロスであった。

リュサンドロスは良い家柄の出であったが、貧乏だったために有力者の子弟のお付き（モタケスとよばれた）として費用を出してもらって、教育を受けられたので市民になれた人物である。スパルタ人らしからぬ交渉術と独自の考えで動く才気煥発さで、前四〇八年、海軍総督に就任するとペルシア王子のキュロスと親密な関係を築く一方で、小アジアの諸ポリスの有力者からの支持も集めたため、スパルタの立場は好転することになる。しかし任期が切れてその任を解かれると、後任に協力しなかったためペルシアの援助も滞り、スパルタ艦隊は前四〇六年にアルギヌーサイで大敗北を喫して、再び形勢が逆転してしまった。

この結果を受けてリュサンドロスが再び、指揮権を握るとキュロスの援助も復活し、ついには前四〇五年にダーダネルス海峡のアイゴスポタモイでアテナイ艦隊を壊滅させ、アテナイにとって生命線であった、黒海沿岸から物資を輸送するルートの寸断に成功した。その結果、アテナイは穀物などの生活に必要な物資の調達が不可能になった。さらに市街が攻囲され飢餓者なども多く出たため翌年に降伏することになる。

このようにして断続的に三〇年近く続いたペロポネソス戦争は、スパルタを中心とするペロポネソス同盟軍の勝利で幕を閉じた。アテナイは講和条件により大半の軍艦を放棄し、港と市域の城壁を破壊せねばならず、さらに親スパルタ派による政権が樹立した。そのためかつての勢威を失い、もはやスパルタにとって脅威ではなくなった。

紆余曲折はあったが、ここにスパルタはアテナイの台頭を阻止し、名実ともにギリシアの覇権を維持した。その結果、スパルタの勢力は絶頂を迎えたのであった。しかしすでに社会や対外関係に深刻な事態が生じており、この後、それが表面化して坂道を転落していくことになるのである。

# 第五章　リュクルゴス体制のほころび

アテナイを破り、ギリシアの覇権を握り、絶頂を迎えたスパルタ。だが、すでにその時点で体制にほころびが生じていて、約三〇年後のレウクトラの戦いで敗北してギリシアの覇権を失う。転落の軌跡をスパルタ社会の変化に注目しながら見ていく。

【第五章　関連年表】

前四七九年　プラタイアの戦いで、スパルタは市民五〇〇〇名を動員。
前四一八年　マンティネイアの戦いで、スパルタは市民三〇〇〇名程度を動員。
前四〇四年　ペロポネソス戦争でアテナイが降伏。スパルタを中心としたペロポネソス同盟軍が勝利。スパルタはギリシアの覇権を維持し、勢力が絶頂を迎える。アテナイで寡頭制の政権「三十人僭主」が成立、恐怖政治を展開する。
前四〇三年　アテナイで民主政が復活、再びスパルタに対抗する勢力に。
前四〇〇年頃　アゲシラオス二世がスパルタ王に即位（〜前三六〇年）。市民身分から脱落したキナドンが反乱を企てる。
前三九五年　コリントス戦争（スパルタなどペロポネソス同盟VSテーバイ、コリントスなど）が勃発。

前三九四年　ハリアルトスの戦いで、スパルタのリュサンドロスが敗死。
コロネイアの戦いで、スパルタが大勝利して戦局を挽回。

前三八七年　スパルタはペルシアの支持を得て、「大王の和」（「アンタルキダスの和」）を結び、コリントス戦争が終結。

前三七一年　レウクトラの戦いで、スパルタは市民七〇〇名程度を動員。惨敗して覇権を失う。

前三七〇年　アルカディア地方の諸市がスパルタに反旗を翻し、中央政府を有する一種の連邦を形成し、連邦軍を創設。エパメイノンダスがテーバイ軍を中核とするボイオティア連邦軍とその他の反スパルタの諸ポリスを加えた大軍で、ペロポネソス半島へ侵攻。メッセニアがスパルタの支配から解放され、およそ三〇〇年ぶりに自治を得る。

前三六二年　テーバイの軍人エパメイノンダスがマンティネイアの戦いで戦死。

前三六〇年　スパルタ王アゲシラオス二世が死去。

前三三八年　カイロネイアの戦いで、アテナイ・テーバイ連合軍がマケドニアに敗北。

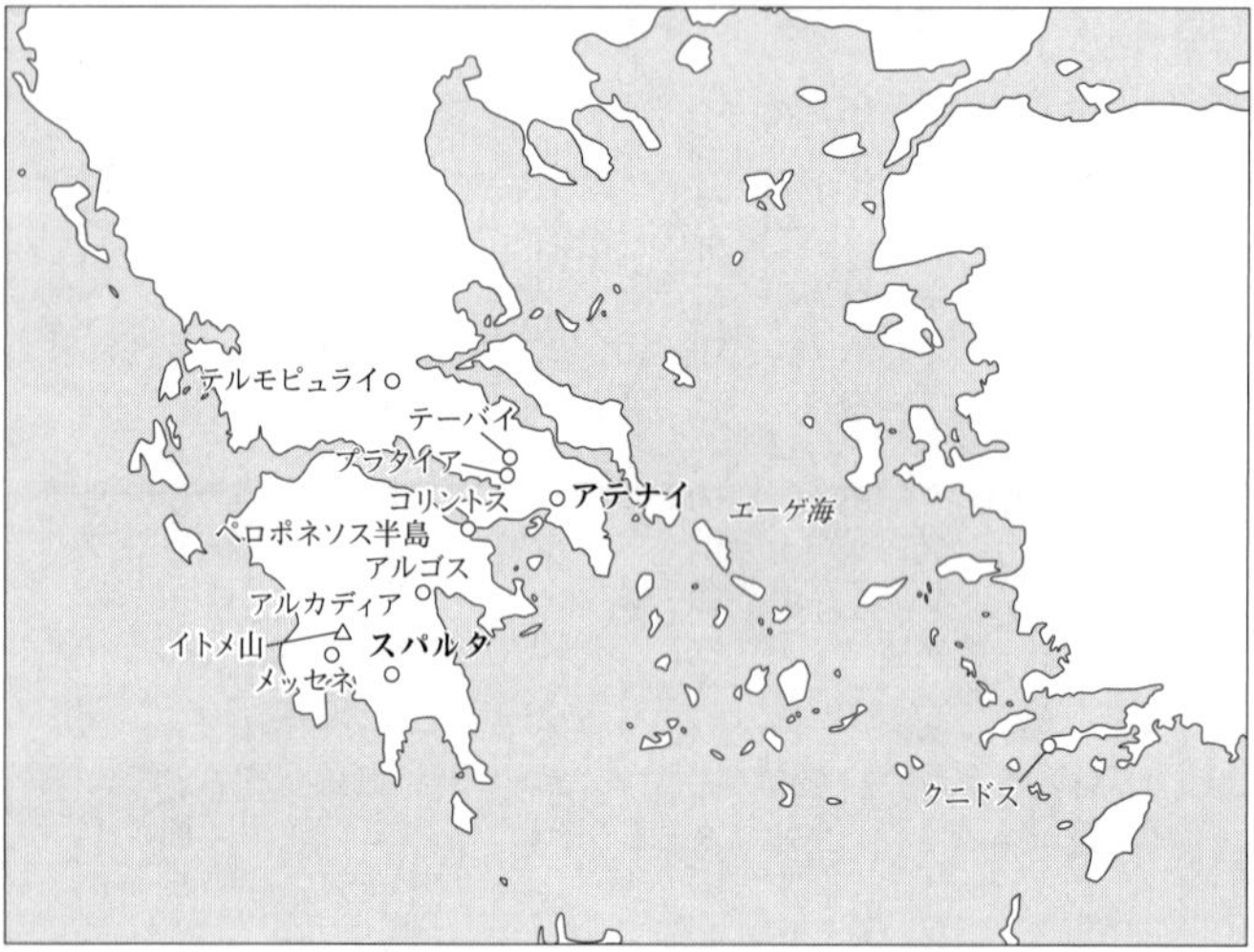
テルモピュライ
テーバイ
プラタイア
コリントス
アテナイ
エーゲ海
ペロポネソス半島
アルゴス
アルカディア
イトメ山
スパルタ
メッセネ
クニドス

## 衰退期の始まり

ギリシア史ではペロポネソス戦争を大きな転機とするのが通説だった。かつてペルシア戦争においてアジアの専制に対してヨーロッパの自由を守ったポリスの社会が、この長期に及ぶギリシア人同士の争いにより変質・弱体化して、衰退に向かったと捉えられたからである。そしてさらなる前四世紀の混乱を経て、ギリシア人は前三三八年のカイロネイアの戦いでマケドニアに決定的な敗北を喫することで、歴史の表舞台から退場したと見なされてきた。

しかしギリシア世界全体について言えば、この認識は近年の研究により否定される傾向にあり、前四世紀以降もローマに征服されるまで大きな変化は生じなかったと考えられるようになった。ただスパルタについては従来の認識通りであろう。ペロポネソス戦争の勝利により達成した勢力の頂点において、エウノミアを実現したリュクルゴス体制はすでにほころびが生じており、この後は転落の軌跡を描くことになったからである。そこで本章ではそのプロセスを社会の変質を考慮してみることにしよう。

## ペロポネソス戦争後の状況

ペロポネソス戦争での敗北後、アテナイではプラトンの親戚であり、親スパルタのクリティアスを中心とする三〇人が実権を握る政権が樹立したため、民主政も崩壊した。スパルタが後援したこの体制を後の人たちは三十人僭主とよぶ。そして反対派の大規模な粛清を行う恐怖政治を展開した。そのため降伏の翌年である前四〇三年に民主派が蜂起して、早々にこの政権は打倒されてしまった。アテナイでは民主政が復活して再びスパルタに対抗する勢力になっていく。

## 勝利の立役者リュサンドロスの策謀

ギリシアの覇権を掌握後、将軍としてペロポネソス戦争での勝利の立役者であったリュサンドロスの名声が、海外では留まるところを知らなかった。しかしそれがかえってスパルタ国内では警戒され、徐々に以前のような活動が難しくなってしまう。そこで彼は、前四〇〇年頃にアギス二世が没すると、策謀によりその子ではなく、かつて愛人関係にあったアゲシラオスを王に就けることで、その勢力を維持しようとした。アギスの異母弟にあたるこの王は約四〇年の長きにわたり王位にあり、スパルタの最盛期と転落の双方を経験することになる。

## 「市民寡少」の現実

アゲシラオスが即位した頃、キナドンという者による反乱の企てが共謀者の密告により露見し、未然に防がれるという事件が起こった。かつてのパルテニアイによる反乱の企て以来、二〇〇年以上ぶりの内乱の兆しである。ここにエウノミアが維持できなくなった社会状況を読み取ることができるであろう。

キナドンはおそらく経済的理由から教育を受けられなかった、あるいは共同食事の食材を持ち寄れなかったため、市民身分から脱落した者であった。興味深いのは、この際ペリオイコイやヘイロータイ、市民身分から脱落した者が、市民に対してその肉を生でも食らえるくらい嫌悪の感を抱いているため、反乱への参加を見込めたという伝えである。さらにキナドンはアゴラ（公共広場）にいる四〇〇〇人のうち、市民四〇名以外はすべて味方だと述べており、当時、全住民に占める市民の割合の少なさが明白となっていた。

アリストテレスはスパルタの衰退の要因として「人口寡少」をあげている。ただしこれは総人口ではなく、市民数の少なさを指摘しているものであり、さまざまな史料から、そのことをうかがい知ることができる。前四七九年、ペルシア戦争のプラタイアの戦いでは五〇〇〇名の市民が動員されたが、これは主力部隊なので、本国の守備のために残した若い者や老年などを加えると、市民の総数は八〇〇〇名程度と推測できる。しかし前四一八年のマンティネイアの戦いの時は三〇〇〇名程度、前三七一年、スパルタが覇権を失ったレウクトラの戦いの際には一〇〇〇名程度と、市民総数が減少するペースは激しいものであった。

第三章で述べたようにスパルタは、前六世紀の社会改造において他のポリスと異なり、一定以下の財産の市民を切り捨てた。そして市民の資格として、公教育を受けること、共同食事に参加することという二つの条件を設けた。七歳からの公教育では共同生活を強いられ、その経費は親の負担であったと考えられる。また共同食事は食材の持ち寄りが原則であった。双方ともそれに見合う経済力が求められており、そのためにポリスより市民各自に農地が与えられ、そこで耕作するヘイロータイから収穫のおよそ半分を得ていた。そしてその土地の売買は禁止されていた。

さらに価値がなく嵩のある鉄貨を導入することで、貨幣経済の浸透を和らげた。一方で家具などは実用性のみを重視したものとし、服装などの面でも華美を戒め消費を極力抑える生活様式を是とし、社会全般で市民個人に圧力をかけることで、浪費により身を持ち崩さないようにしたこともすでに説明したとおりである。

また定期的に外国人を追放したり、市民が対外的な接触をすることも極力制限して、外の世界の影響を受けないように注意も払っていた。いわば鎖国的な環境に市民は置かれていたのである。

## 貧富の差があからさまに

しかしペロポネソス戦争、そしてその勝利で獲得したギリシアにおける覇権により外の世界との接触が深まると、贅沢な暮らしへの憧れ、あるいは貨幣経済の浸透などが生ずることになる。その結果、借金などにより土地を維持できなくなった市民も出現して、市民身分から脱落する者が続出した。

従来の認識ではリュクルゴスは市民に平等な土地を与えることにより、その経済力を平等にしたとされているが、それを伝える史料は時代が下った叙述にしか見られず、実情は違っていた。確かに市民にはポリスから生活のために必要な土地が与えられていた。しかしその土地以外の私有地も所有していたと考えるのが妥当であり、売買が禁止されたのはポリスから付与されたものに限られていた。そして売買が可能な私有地の多寡によって貧富の差があったことを認める必要があろう。

そのことはスパルタ社会において、古典期にも名家や富裕者が存在したことから明らかだ。しかし遅くとも前五世紀の間は、その富を誇示することは厳しく制限されていた。参加者にとって同じ内容の教育、同じ献立の共同食事もそれに大きく寄与したに違いない。

しかしペロポネソス戦争終結後に、この規制が緩み、貧富の差があからさまに分かるようになる。リュクルゴスが貴金属貨幣を禁止して鉄貨のみの使用を認めたという伝承も、この時に富裕者が貴金属貨幣を大量に持ち込むことを禁止するために、造られたと考える研究者もいる（ただし禁止は一時的と考える）。

## ホモイオイ（同等者）が多数から少数へ

さらにこの頃、息子との諍いから、エピタデウスというエフォロスが、自分の望む者に自分の財産を遺贈できる法を成立させると、借金の返済などにこの法が悪用され、ポリスに付与された売買禁止の土地を失い、市民身分から転落する者の増加に拍車をかけることになった。なぜなら市民は何らかの生業に就くことが禁止され、その時間は公務や訓練、狩りなどに費やすことを求められており、他の収入手段を持たなかったため、土地を失うことで共同食事の食材の提供、子弟の教育費の支払いができなくなったからである。

このような形で市民身分から脱落した者はヒュポメイオネス（劣格者の意）とよばれ、おそらくペリオイコイ身分とされた。一方でヘイロータイのうち、ペロポネソス戦争の際に武装して司令官のブラシダスとともに戦闘に参加したブラシディオイ、あるいは同じく軍事力として寄与したネオダモデイスとよばれる者たちも、ペリオイコイ身分となり中間層を形成するようになった。

この結果、教育を受け市民身分となった者の割合が大幅に減少した。このことが意味したのは、かつてエウノミアを維持するために必要とされたホモノイアを共有するホモイオイ（同等者）が、社会では圧倒的な少数となり、かつてのような同調圧力の効く範囲が著しく狭まったということである。このように勢力の絶頂期において、かつては多数のホモイオイを中核としたスパルタ社会では、その内実に大きな変化が進行していたのであった。

## 加速する反スパルタ

対外面に目を向けてみてもペロポネソス戦争終結直後から、ペロポネソス同盟内ではアテナイの処遇などをめぐり不協和音が表面化し、一方、各地で生じた反スパルタの動きの鎮圧などの問題もあり、スパルタに決して平和は訪れなかった。さらにペロポネソス戦争時にアケメネス朝に対して援助の見返りとして、小アジアのポリスをペルシアの傘下に置くことを認めていたが、スパルタはそれも反故にした。そのようななか、リュサンドロスは、アゲシラオスが即位して間もなく小アジアへ渡った際、その影響力を維持するために随行したが、次第に王から疎まれるようになり、かつての勢力の挽回も先行きを見通せなかった。

この頃、スパルタの行動に不満を持っていたペルシアは、同じく不満を抱いていたテーバイやコリントスに資金面で働きかけ、反スパルタの動きを促進させる。そしてついに前三九五年、中部ギリシアのフォキスとロクリスの対立を契機に、スパルタはテーバイやコリントス、アルゴスなどとの戦争に突入した。これがコリントス戦争とよばれるもので、再びギリシア本土は大規模な戦争に巻き込まれることとなった。この初戦にあたる中部ギリシアのハリアルトスにおける戦いでリュサンドロスは敗死し、歴史の舞台から去った。

翌年には小アジアのクニドス沖でもスパルタ艦隊は敗れたが、同年、ギリシア中部のコロネイアでの戦いで大勝利を得ると戦局を挽回した。この後もいくつかの勝利を得るが決定的なものとはならず、さらに前三九〇年にはアテナイ人のイフィクラテスが率いる軽装兵が、その機動性を活かしてコリントス地峡のレカイオンで、ペロポネソス同盟軍の重装歩兵を圧倒して勝利を得ると、戦争は長期化することになる。

最終的に前三八七年、小アジアのポリスがペルシア支配下にあることを認めることと引き換えに、スパルタはペルシアの支持を得て、その勢力を背景に後世、「大王の和」、あるいはスパルタの使節の名を取って「アンタルキダスの和」とよばれる和平を敵と結び、戦争を終結させた。

この和約は当時のペルシア王、アルタクセルクセスの名のもと、これに参加したポリスは小アジアのポリス以外は自治であることを認め、もしそれを侵害した場合は罰せられることを取り決めたものであった。スパルタはそれを監督する立場を自任し、特に敵対関係にあったテーバイに対して、諸ポリスを支配するための道具としているとして、テーバイが盟主のボイオティア連邦を解散させた。しかしテーバイはこれに激しく反発し、再び連邦のメンバーポリスに触手を伸ばして、スパルタとの対立を深めていく。

## レウクトラの戦い

アゲシラオスを中心にスパルタの反テーバイの政策は「大王の和」の後も続いた。和平状態であったにもかかわらず、前三八二年にはスパルタ軍を指揮していたフォイビダスが、テーバイの親スパルタ派の手引きで、このポリスの重要な場所であるカドメイアを占領してしまった。当然、フォイビダスは国内で裁判にかけられたが、アゲシラオスの尽力などで無罪になり、占領も前三七八年まで解かなかった。

さらにその前三七八年にスフォドリアスが、麾下の部隊でアテナイの港ペイラエウスを急襲する。これは失敗したが、アテナイの反スパルタの動きを促進することになる。アテナイはこの年、かつてのデロス同盟を彷彿させる第二アテナイ海上同盟をエーゲ海沿岸の諸市と結成し、その勢力回復は誰の目からも明らかであった。

このように大王の和以降、スパルタの覇権は盤石なものではなく、ギリシア内の緊張状態は逆に増すばかりであった。そのため主要なポリスの間で「普遍平和」とよばれる和平の試みが何度もなされたが、スパルタとテーバイの対立は解消されなかった。一方でテーバイは、この間に優れた政治家であり軍人である、エパメイノンダスとペロピダスという逸材のもとで勢力を増大させていた。

前三七一年の和平交渉でも、エパメイノンダスは傘下のポリスの解放を要求されると、スパルタもペリオイコイのポリスの自治を侵害していると反論して決裂した。そしてこの年、ついにギリシア中部のレウクトラで、スパルタが率いるペロポネソス同盟軍とテーバイを中心とするボイオティア連邦軍が会戦した。そしてこの戦いはスパルタにとって致命的なものになるのである。

### エパメイノンダスが用いた「斜線陣」の威力

テーバイ軍の司令官であったエパメイノンダスはこの時、斜線陣という新しい戦法を用いた。従来、重装歩兵は丸い楯の裏側の真ん中にあるベルトに左腕を通して、端にある把手を握り腕全体で楯を支えたため、楯を自由に操れず右半身を防護できない欠点があった。さらに楯の右半分で自身の左半身は防護できるが、楯の左半分は遊んでいる状態にあった。そこで右側に立つ兵士の楯の左半分で自分の右半身を守るようにするため、右横の兵士に密着し、さらに晒されている背後にも兵士が立つ形の密集隊形を組む必要があった。一般的に横列に四名、縦列に八名の兵士が配置された。

その結果、一番右端の兵士は自分の右半身を守ってくれる者がいないため、最も危険な位置であり、最前列は敵と直接相対するため特に危なかった。そのため右端に最も屈強な兵士を配置し、その先頭を指揮官のポジションとした。そして、いくつかの部隊が一緒に戦う場合は、最も強力な部隊を右翼とするのが一般的であった。この配置だと敵も最右翼に最強の部隊が配されるため、双方の右翼が敵の左翼（右翼ほどは強くない部隊）を圧倒して、戦いは戦列が左回りに旋回してしまい、勝敗が決しないことも多々あった。

しかしエパメイノンダスは左翼に精鋭の部隊を置き、通常の何倍にもあたる五〇名の縦列の陣を組ませた。この部隊はスパルタのカドメイアからの撤退後創設された、神聖隊とよばれる一五〇組の愛人のペアから成るものであった。それは愛する者の前で無様な姿を見せられず、相手を守ろうと必死に戦うと考えられたためだと言われている。

左翼に兵力を集中した結果、中央、右翼の部隊が手薄になるため、左翼より段階的に後ろに下げて斜線の陣を組んだ。このようにしてこれらの部隊が敵と接触する時間を遅らせて戦闘に入る前に、敵より数がはるかに多い最強の左翼の部隊が、相対する敵の主力である右翼を粉砕してから、敵の中央、左翼の部隊の背後に回って挟撃するという戦法であった。戦列が斜めに下がっている陣形のため、「斜線陣」とよばれた。

テーバイ軍の作戦は成功して右翼にいたスパルタ軍は壊滅し、指揮官であったクレオンブロトスは王としてはレオニダス以来の戦死者となった。後にアレクサンドロス大王、またローマを散々苦しめたハンニバルにもこの斜線陣は採用され、その名を歴史に残すことになる。

## 「私たちだけが男を産むからです」

アリストテレスはこの戦いについて、「これ以降その打撃から回復することがなかった」と述べて、スパルタにとって大きなターニングポイントであったと捉えている。レウクトラの戦いに参戦したスパルタ市民は七〇〇名で、これがほぼ壮年期までの市民の総動員であった。このうち四〇〇名が戦死したと伝えられるので、当時、一〇〇〇名まで減った市民の半数近くがいなくなったことを意味した。

スパルタはただでさえ少ない市民の損失を挽回できなかった、とアリストテレスは考えた。そしてこのような状況は女性が五分の二の土地を占めた結果だとする。すなわち多くの土地を女性が所有したということは、兵士になる男性が土地を失って、市民から転落したことの裏返しだからである。つまりホモイオイの極端な減少の要因が女性にあったと考えられているのだ。

これは現実なのであろうか。そこで女性の立場に注目してみたい。スパルタは女性が支配する社会だとアリストテレスは述べた。彼によればリュクルゴスの定めた理想的な体制には大きな欠陥があるという。それはその体制は男性にのみ適用され、人口の半分にあたる女性が統制の対象にならなかったということである。それゆえ女性は、さまざまな規範に従う意識を有せず好き勝手に生活し、その物欲から土地の多くを占めることになったと考えた。スパルタは人口の半分を統制できなかったという指摘は、師のプラトンも述べているところである。

さらに男性市民は公務や共同食事で家を空けることが多く、家庭は母親中心であったため、子どもは母の言いなりになり、それは成人してからも続いたとされた。戦場から敗北して逃げ帰ってきた息子を殺したり、叱咤するスパルタの母の姿もそれを連想させるものだろう。クレオメネス一世の娘でレオニダスの妻であったゴルゴは、「あなたたちスパルタの女性だけが男を支配していますね」と言われると、「私たちだけが男を産むからです」と返答したという伝えもある。

## 女性の恵まれた環境

第二章で指摘したように、スパルタの女性が他のポリスの女性に比べて恵まれていたことは事実である。まず将来、壮健な子を産むためには健康で立派な身体でなければならないということで、幼少の頃から十分な食事が与えられ、また屋外で徒競走や格闘技の練習などもさせられた。

これを裏づけるものとして、オリュンピア祭がなされたのと同じエリス地方で開催され、女性の競技会であったヘライア祭において、スパルタの少女が盛んに徒競走競技に出場したり、異論もあるが左足の太ももや右胸を露わにして少女が走る様子を表した、スパルタで製作されたブロンズ製の肖像、また前五世紀後半にアテナイで上演された喜劇では、登場するスパルタの女性について、「雄牛を絞め殺せるような筋肉がついている」という台詞が用意されていることなどをあげることができる。真偽は怪しいが、円盤投げや槍投げなどの訓練もしたとの後世の叙述もある。

また結婚する年齢も、第二章で述べたように他のポリスの女性より遅かった。だいたい一八歳から二〇歳くらいと考えられ、一方で男性は二〇代での結婚が求められたため、夫婦の年齢も他のポリスに比べてさほど離れていなかった。夫婦の歳の差が開いていないということは、それだけ夫に対する発言力もあったであろう。

逆に男性は一定の年代で結婚していない場合、社会的な制裁の対象になったという。彼らは若者からは馬鹿にされ、また冬に広場において、結婚しないことで自分たちを貶める内容の歌を歌いながら、裸で走り回ることを強要された。

## 性的奔放というイメージと一妻多夫制

さらにスパルタの女性のイメージとして強かったのが性的奔放さである。ここでは一夫多妻ではなく、一妻多夫であった。つまり複数の夫を持つことが認められ、兄弟が同じ女性を妻にしたり、また夫が認めれば、他の男性と交わり子を産むこともあったという。一方で王妃などが姦通したというエピソードがいくつも知られている。アテナイでは女性の不貞は追放の処罰を受け、夫は姦夫を殺しても処罰されなかったことを考えれば、ギリシア社会の規範から、かけ離れていたことは明らかである。

最後に女性の経済的な能力についても考慮する必要がある。ギリシア社会は一般的に分割相続であったが、女性に不動産の相続は認められていなかった。これも異論はあるが、スパルタでは女子も土地の一部を相続でき、不動産の所有が認められていたらしい。その結果、戦争などで命を落とすことも多い父、子の土地を獲得するケースなどを想定すれば、アリストテレスが述べるように、女性に多くの土地が集中したことは否定できないであろう。次章で説明するように前三世紀の半ばには、スパルタで最も裕福であったのは王家の女性であったとの伝えもあり、女性が経済的に自立していたことも、強いスパルタ女性のイメージに拍車をかけている。

## 結婚の現実

しかしこのイメージを鵜呑みにすることは危険である。これも先に述べたことであるが、スパルタでは産まれた子を育てるか否かを決める権利が親にはなく、長老たちが判定したが、女児の場合、立派な男子を産めることがその基準であった。そのことを考慮すれば、女性がさまざまな男性と性的な関係を結ぶのはまず子を産むためであり、女性の意思によるものではなかった点は注意が必要である。

結婚相手も自分の意思ではなく、親同士が決め、婚礼は未成年の男性のように髪を短く刈り込まれ、男性用の服と靴を身につけて藁床に寝かされたところに、兵営から仲間に悟られないように抜け出してきた新郎と暗闇の中で、性的な関係を持つというものであった。この断髪と服装は文化人類学で言う「異性装」で、成人になる通過儀礼として多くの事例が知られているものである。

その後も新郎は三〇歳で兵営での共同生活を終えるまで、夜闇のなかで子作りをするために妻の元に通うだけで、太陽の光の下で新婦の顔を見ることもほとんどできなかったという極端な伝えもある。このような状況に置かれた女性が自立した存在であったといえるであろうか。

加えて女性が多くの男性と関係を持つことが認められたのは、その目的を子作りに限定していることを考慮するなら、前五世紀の半ば以降、市民数が急速に減少したことへの対策であったと見なすことが妥当である。かつてメッセニアとの戦いのおりに、子作りができないために若い兵士を帰国させて、誰彼かまわず未婚の女性と子作りをさせたという伝えも、前四世紀にこのような状況を背景に創り出されたと見なすことができる。

古代の叙述は男性の視点のものであり、アリストテレスは特に女性嫌いで有名であった。そのためプルタルコスは彼に反論しているし、さらにスパルタ人の残した史料は皆無に近いので、実際のところは厚いヴェールに覆われているが、右記のことを考慮するなら、この衰退の原因を女性だけに求めるのは、問題があると言えるのではないか。

## 転落の軌跡

しかしアリストテレスが述べるように、レウクトラの戦い以降、スパルタの勢威は坂を転がり落ちていき、二度と同じ場所に戻ることはなかったことは事実である。まずレウクトラでの敗北に続く動きから見ていこう。この大敗が無敵のスパルタ軍という幻想を打ち砕いたこともあり、その翌年、まずアルカディア地方の諸市がスパルタに反旗を翻した。彼らは旧来の対立をやめ、中央政府を有する一種の連邦を形成し、連邦軍も創設する一方でテーバイに援助を求めた。そしてエパメイノンダスは、テーバイ軍を中核とするボイオティア連邦軍にその他の反スパルタの諸ポリスを加えた大軍で、ペロポネソス半島への侵攻を始める。

その進路にあたるペリオイコイのポリスから離反するものも現れ、史上初めてラコニア地方が他国軍に蹂躙されることとなった。この軍がスパルタ市を攻めることはなかったが、そのまま南下してスパルタの外港ギュテイオンまで進み、そこから西へ転じてメッセニアに侵攻し、この地をスパルタの支配から解放した。

エパメイノンダスは現地のペリオイコイやヘイロータイ、そして海外に亡命していた者も呼び戻し、かつて反乱の際に立て籠もったイトメ山のふもとに彼らを市民とする新たなポリス、メッセネの建設を行った。ここにメッセニアは少なくとも約三〇〇年ぶりに自治を得たことになる。一方でスパルタは重要な経済的基盤を失うことで、計り知れない打撃をくらうことになった。

その翌年にあたる前三六九年にエパメイノンダスは、二度目の侵攻を行い、さらにスパルタに打撃を加えたが、その翌年にスパルタはアルカディア、アルゴス、メッセネ連合軍に対して、いわゆる「涙のない勝利（多分、戦死者が出なかったので、そのようなよび名がある）」を得て、全面的な転落を免れた。

しかしこの後、スパルタが国外へ進出する際に通る北西の行軍路に、エパメイノンダスが各地のポリスや村落を集住させてメガロポリスという新たなポリスを創設して、その進路を塞いだことは、スパルタにとって大きな障害となった。事実これ以降、このポリスはスパルタに敵対して厄介な存在となる。

このような情勢においてもスパルタはメッセネの独立を決して認めず、ポリス間の和平交渉にも、ここでメッセネの独立を認める限りは参加しないことが続いた。しかし前三六五年にはペロポネソス同盟のポリスがメッセネの独立を認めたことにより、この同盟は解体することになる。市民数減少にもかかわらず、スパルタが強大な軍事勢力を維持できたのは、ペロポネソス同盟軍の存在が大きかったのであるから、この一件はメッセネの独立とともに、取り返しのつかない痛手であったであろう。

この過程でアゲシラオスは軍費調達のため、小アジアなどで傭兵を率いて軍事行動をしていたが、前三六二年にアルカディア連邦がメンバーポリス間の諍いで分裂すると、アテナイ、エリス、マンティネイアなどの同盟軍を率いて、エパメイノンダス率いる軍とマンティネイアで会戦した。この戦いでスパルタは敗北に終わったが、一方でテーバイ側ではエパメイノンダスが戦死してしまう。すでにペロピダスも前三六四年に北方で戦死していたことから、優れた指導者を失ったテーバイの勢力は大きく後退することになった。アゲシラオスはこの後、エジプトで出稼ぎ中の前三六〇年に亡くなり、その四〇年に及ぶ王としての生涯の幕を閉じた。

## 王の意義

アゲシラオスはクレオメネス一世と並んで長期にわたり王位にあり、双方ともスパルタの歴史にとっては重要な役割を果たした。第三章で紹介したように、スパルタの王はオリエント世界の君主やローマ皇帝、ヘレニズム世界の諸王に比べれば、その権力は小さかったと、アリストテレスやクセノフォンが伝えている。主な任務は軍事と神事に限られており、ポリスの運営は長老会とエフォロスたちに委ねられていた。また毎月、国法に従う旨の宣誓も求められた。そのためか、裁判にかけられ死刑を宣告されたり、廃位させられた王も少なからず知られている。

しかしヘラクレスの子孫ということで敬意は払われており、彼らが登場するとエフォロスを除いて他の者たちは起立した。またペリオイコイのポリスに所領を有しており、その豊富な資産をもとに、ポリス内外の有力者とプレゼントの交換などをして友好関係を結び、広範な人的ネットワークを結ぶこともできた。

一方で告発などをされない限り終身で王位にあり、長老会のメンバーでもあったので、長期間にわたり在位すれば、多大な影響力を行使し得たのではないかと、近年の研究は推測している。なぜならエフォロスは強大な権限を有したが一年任期で再任はなく、長老会のメンバーは任期こそ終身であったが、就任時が最も若くて六〇歳なので、当時の寿命を考えれば、それほど長くは在任しなかったからである。

さらに王が死ぬと、ペリオイコイやヘイロータイも喪に服することを求められた。王はヘラクレスの子孫として、スパルタ市民のみならず、領内のあらゆる身分の者たちを統合する象徴でもあったことは先に述べたとおりである。対外的にスパルタ市民とペリオイコイはラケダイモン人と総称されたが、この二つの集団を繋ぎ、その頂点に立つ存在として、制度上の権限をはるかに超えた権威が王に備わっていたと考えるのが妥当であろう。

アゲシラオスは四〇年にも及ぶ長期にわたり王位にあったことから、スパルタ市民、ペリオイコイ、そして外国の有力者などと関係を結ぶことができたので、絶大な影響力を有していたと想像できる。それゆえ端から見れば強引な反テーバイの政策を推進できたのであろう。しかしそれがスパルタの凋落を招いたとも言えるのである。

後の伝えに「同じ敵と繰り返し戦うのは、相手に自分たちの癖を習熟させるので避けるべきだ」というものがあり、その実例としてアゲシラオスとテーバイの関係があげられているが、これも長期に在位したアゲシラオスだからこそのことであろう。

## なぜスパルタは凋落したのか

スパルタの勢力の絶頂から喪失までを、その社会の変化に注目して見てきた。つまるところ、前六世紀半ばに成立したリュクルゴス体制が時間をかけてほころび、自滅したと言えるのではないであろうか。一定の資産を有する者のみを市民とし、教育や共同食事などを通して市民間のホモノイアを達成することで、統制の取れた秩序ある社会（エウノミア）を構築したのであるが、結局、これが市民数の減少を生んだ。

それに拍車をかけたのが相続制度であり、女性に多くの土地が集まったことは、兵士たる男性市民の脱落につながり、敗戦に対するレジリエンス（回復力）を有する健全な社会を維持することを不可能にした。また制度では抑制されていたはずの王の影響力を強くさせる余地があったことも、混乱を増大させる要因となる。これらの要因が勢力の頂点にいる時期に複合的に一気に表出したのである。

この後、さらにスパルタを取り巻く状況は悪化するが、このポリスの歴史は終わらなかった。そこで次章ではスパルタの最後のあがきを中心に扱うことにしよう。

# 第六章　スパルタの黄昏

レウクトラの戦いで敗北した後、スパルタを取り巻く状況はますます悪化していったが、歴史の舞台からは消えなかった。アギス四世、クレオメネス三世、ナビスといった王が改革を実行して勢力を取り戻したが、やがて衰退していく。そして、長い終焉期を経て、その名声は復活した。

【第六章　関連年表】

前三七八年　第二次アテナイ海上同盟が結成される。

前三六〇年　スパルタ王にエウリュポン家のアルキダモス三世が即位（～前三三八年）。

前三五九年　マケドニア王にフィリッポス二世が即位（～前三三六年）。

前三五七年　同盟市戦争（第二次アテナイ海上同盟内の戦争）が勃発。

前三五六年　神聖戦争（フォキスを中心とするアテナイ・スパルタ連合軍vsテーバイを中心とする隣保同盟）が勃発。

前三四六年　マケドニア王フィリッポス二世が神聖戦争を終結させる。

前三三八年　アルキダモス三世が、タラスからの救援依頼で出征して戦死。エウリュポン家のアギス三世が即位（～前三三一年）。

前三三六年　カイロネイアの戦い（マケドニアvsアテナイ、テーバイなどのギリシア連合軍）。勝利したマケドニアがギリシアの覇権を握ることに。フィリッポス二世が暗殺される。子のアレクサンドロス三世がマケドニア王に即位。

前三三四年　アレクサンドロス三世が東方遠征を開始。

前三三三年　イッソスの戦い（マケドニア・コリントス同盟の連合軍vsアケメネス朝ペルシア）。アレクサンドロスがペルシア軍を破る。

前三三一年　エウリュポン家のアギス三世がマケドニアに対して反乱を起こす。メガロポリスの戦い（スパルタ連合軍vsマケドニア）。スパルタ連合軍は敗れ、アギス三世が戦死。

前三三〇年　王ダレイオスが部下に暗殺され、アケメネス朝が滅ぶ。

前三二三年　アレクサンドロスが三二歳で病に倒れて死ぬ。

ラミア戦争（マケドニアvsアテナイなどギリシア連合）勃発。翌年敗北したアテナイは民主政が停止。

前三一七年　スパルタが史上初めて城壁を築く。

前三〇九年　アギス家のクレオメネス二世が死去。孫のアレウスが即位（～前二六五年）。

前二七二年　アンティゴノス二世ゴナタスがアンティゴノス朝を建て、アレクサンドロスの後継者争いが終わる。

前二七二年　アレウスの叔父・クレオニュモスがスパルタへ侵攻。

前二六〇年代　クレモニデス戦争（スパルタ・アテナイなどギリシア軍vsマケドニア）。アレウスが戦死。

前二五四年　スパルタ王にアギス家のレオニダス二世が即位（～前二三五年）。

前二四四年　スパルタ王にエウリュポン家のアギス四世が即位（～前二四一年）。「リュクルゴスの国制」への回帰をめざす。

前二四一年　アギス四世が母や祖母とともに処刑される。

前二三五年　レオニダス二世が死去。その子クレオメネス三世が即位（～前二二二年）。

前二二九年　クレオメネス戦争（スパルタvsアカイア連邦・マケドニア）が勃発。

前二二八年　エウリュポン家のスパルタ王にアルキダモスが即位したが、暗殺される。

前二二七年　クレオメネスが改革を実行。もう一人のスパルタ王に自らの兄弟であるエウクレイダスを即位させる（〜前二二二年）。

**前二二六年**　ヘカトンバイオンでスパルタ軍がアカイア連邦軍に大勝。

**前二二四年**　マケドニア王のアンティゴノス三世ドソンが、アカイア連邦に加えて、アイトリア連邦と敵対している諸連邦と同盟を結ぶ（「ヘラス連盟」）。

**前二二二年**　セラシアの戦い（スパルタvsヘラス連盟・アカイア連邦軍）。スパルタが惨敗する。エウクレイダスは戦死し、クレオメネスはエジプトに逃亡。スパルタ市が史上初めて占領される。

**前二一九年**　クレオメネスがエジプトで反乱を起こし殺害される。

**前二一四年**　第一次マケドニア戦争（ローマvsマケドニア。〜前二〇五年）。

**前二〇五年**　ナビスがスパルタ王を名乗る（〜前一九二年）。

**前二〇〇年**　第二次マケドニア戦争（ローマvsマケドニア）。

**前一九五年**　スパルタにローマが宣戦（ナビス戦争）。

**前一九二年**　ナビスが暗殺され、スパルタはアカイア連邦の傘下に置かれる。

**前一四六年**　アカイア連邦がローマとの戦争に突入（アカイア戦争）。アカイア連邦が敗れ、スパルタを含むギリシア全土はローマの属州に組み込まれる。

マケドニア
アケメネス朝ペルシア
デルフォイ
アテナイ
エーゲ海
ペロポネソス半島
アルゴス
アルカディア
スパルタ
メッセネ
ラコニア地方
タイナロン岬
マレア岬

■スパルタ王の系譜
（　）内は先王との関係、年代は在位期間

●アギス家
クレオンブロトス（兄弟）前三八〇〜三七一
アゲシポリス二世（息子）前三七一〜三七〇
クレオメネス二世（兄弟）前三七一〜三〇九
アレウス一世（孫）前三〇九〜二六五
アクロタトス（息子）前二六五〜二六二
アレウス二世（息子）前二六二〜二五四
レオニダス二世（クレオメネス二世の孫）前二五四〜二三五
クレオメネス三世（息子）前二三五〜二二二
アゲシポリス三世（クレオンブロトス二世の孫）前二一九〜二一五

●エウリュポン家
アゲシラオス二世（兄弟）前四〇〇〜三六〇
アルキダモス三世（息子）前三六〇〜三三八
アギス三世（息子）前三三八〜三三一
エウダミダス一世（兄弟）前三三一〜三〇五頃
アルキダモス四世（息子）前三〇五頃〜二七五頃
エウダミダス二世（息子）前二七五頃〜二四四頃
アギス四世（息子）前二四四頃〜二四一
エウダミダス三世（息子）前二四一〜二二八
アルキダモス五世（叔父）前二二八〜二二七
エウクレイダス（アギス家のクレオメネス三世の兄弟）前二二七〜二二二

## マケドニアの台頭

アゲシラオス死後の前三五〇年代以降、ギリシアの情勢はさらに不安定となった。アテナイは第二次アテナイ海上同盟のメンバーとの戦争に苦しみ（同盟市戦争）、スパルタと友好関係にあったフォキスが、ギリシア人全体にとって重要であったアポロンの聖地、デルフォイをめぐる問題から、スパルタを含む他の多くのポリスを巻き込む神聖戦争を勃発させていた。このような情勢を利用して、ギリシア世界に介入したのがマケドニアである。このマケドニアの台頭が、スパルタをさらに苦難の道へと追いやることになるのである。

マケドニアはペルシア戦争時にはアケメネス朝の支配下にあり、その後もギリシアにおける国際情勢で大きく注目を集めることは稀で、その住民はギリシア人から長く野蛮なバルバロイ（異邦人）として蔑まれていた。歴代の王はバルバロイのイメージの払拭に努めて、前五世紀末までにいくぶん功を奏することになる。

## フィリッポス二世とアレクサンドロス

そして前四世紀に入り、周辺部族の侵入、王家内のいざこざなどで混乱していたこの国を、強国へと押し上げたのがフィリッポス二世であった。彼は前三五九年に即位すると近隣のパンガイオン金山を征服して豊富な財源を得る一方で、巧みな外交を展開した。さらに軍隊を改良するとともに、貴族たちを上手く統制して国内を安定させ、国力を上げることに成功する。そして神聖戦争に介入して前三四六年に終結させ、デルフォイの隣保同盟で大きな影響力を得た。

隣保同盟はデルフォイの聖地を近隣のポリスで管理するための組織で、ギリシア最古のポリス間同盟であった。宗教的な性格のものであるが、デルフォイはギリシア人全体にとって重要な聖地であるので、政治的な影響力も侮れなかった。そのためフィリッポスは、ギリシア世界で大きな存在感を示すようになる。そこでスパルタにメッセネの独立を認めるように求めたが、それをスパルタは拒否し、ギリシア内での孤立をさらに深めた。

その後、フィリッポスがさらに勢力を拡大すると、それを看過できないアテナイやテーバイは、他のポリスとともに前三三八年、ギリシア中部のカイロネイアで一大決戦を挑んだが、フィリッポスの子アレクサンドロス（後の大王）の活躍もあり、粉砕されてしまう。この勝利によりフィリッポスはギリシアの覇権を握ることになるのである。

この間、スパルタはアゲシラオスの死後も神聖戦争に参戦するなど、依然としてギリシア世界で様々な活動を行ったことが知られている。スパルタ兵はすでにアゲシラオスの時から傭兵として海外で軍事活動をしていたが、この時期にはスパルタ領の南端にあるタイナロン岬が、ギリシアにおける傭兵市場として有名になり、当然、スパルタもこれに関与した。そして今後、この傭兵が市民数の減少が甚だしいスパルタの重要な戦力となっていく。

アゲシラオスを継いだアルキダモス三世は、やはりポリスの収入を増大させるためにクレタ、そして南イタリアにおける軍事作戦に傭兵を率いて従事した。しかし奇しくもカイロネイアの戦いと同年、スパルタが建てたとされる南イタリアのタラスから、原住民との戦いで救援を依頼されたため出征したが、戦死してしまった。このようなこともあり、スパルタはカイロネイアの戦いには参加しなかった。

## スパルタの苦境

カイロネイアの戦いでの勝利後、フィリッポスはラコニアへ遠征してスパルタの領土の多くを奪い、それらを近隣のアルゴスやメッセネ、アルカディアのポリスなどに割譲した。この結果、スパルタの領土はタイナロン岬とマレア岬の間のエウロタス川を中心とする地域のみとなり、勢力が大幅に減退することになる。それでもスパルタは、フィリッポスが主宰したコリントス同盟にギリシアでは唯一、加盟しなかったと伝えられている。

その結果、前三三六年のフィリッポスの暗殺の二年後、アレクサンドロスが父の遺志を継いで実施した、マケドニアとコリントス同盟から成る遠征軍による、アケメネス朝ペルシアに対する東方遠征にも参加しなかった。それどころかアルキダモス三世の子で当時の王、アギス三世はマケドニアに対してペルシアと結び反乱を起こしたのである。

現在のシリアとトルコの国境付近のイッソスにおいて、ペルシア王ダレイオス三世自らが大軍を率いて東征軍と激突した前三三三年、アギスはペルシアと結び、翌年にペルシアからの財政援助で集めた傭兵や他の同盟軍も含む大軍で北上を始めた。そして前三三一年、メガロポリス近郊でアレクサンドロスの東征中マケドニアの留守を守っていたアンティパトロス麾下《きか》のマケドニア軍と交戦した。

アレクサンドロスはこの戦いの結果を聞いて、「ネズミの戦い」と蔑んだという伝えがあるが、これはギリシア本土で行われた会戦としてはペルシア戦争時のプラタイアの戦いに匹敵する規模であった。しかし連合軍は敗れ、アギスも戦死してしまう。この結果、五〇名の有力者が人質に取られ、さらにスパルタの勢威は大きく削がれることになる。

## アレクサンドロス死後のギリシア世界

アレクサンドロスの東征は、イッソスの戦い後も快進撃して、前三三〇年にダレイオスが部下に殺され、ギリシア世界に長年、大きな影響力を行使してきたアケメネス朝が滅ぶことになる。その後も東進は続き、前三二六年にはインダス川に達し、象部隊を率いた現地の王との戦いで勝利を得た。しかしそこで兵士たちにさらなる前進を拒否されて、バビロンに帰還することになった。次にアラビア半島への侵攻を企てたが、前三二三年、アレクサンドロスは侵攻直前に病に倒れ、三二歳の若さで帰らぬ人となる。

彼が死ぬと、ギリシアでは不満がたまっていたアテナイを中心にマケドニアに対して蜂起した。ラミア戦争とよばれるものである。一時はギリシア側が優勢であったが、最終的にはアンティパトロスが率いるマケドニア軍に鎮圧され、アテナイにはマケドニアの駐留軍が置かれ、民主政も停止させられることになった。スパルタはこの戦争に参加しなかった。アギスの蜂起の失敗による痛手が大きかったことを示すものであろう。

アレクサンドロスが若年で没したため、確固たる後継者が王家におらず、彼が獲得した広大な帝国は彼の部将による獲得合戦となった。その動乱のなか、スパルタは前三一七年、アンティパトロスの子カサンドロスが侵攻してきた際には、矢来と堀程度の簡単なものであるが、史上初めて城壁を作った。スパルタは人こそが城壁として、他のポリスと異なり城壁を持たないことで有名であったが、もはやそのような余裕もなかったのである。

## 王アレウスの叔父がスパルタへ侵攻

スパルタ本国に目を移すと、前三〇九年にアギス家のクレオメネス二世が没すると、長子のアクロタトスがすでに没していたため、王位はその子のアレウスが幼少で継いだ。彼は長期にわたって王位にあったが、その治世下でスパルタ社会は大きく変わることになる。彼はヘレニズム世界の王のような振る舞いをするようになり、自らの像を刻した貴金属貨幣の発行など旧来の制度からの逸脱を進めた。この時期に公教育の制度も廃れたと考えられている。

前二七二年には、アレウスの叔父であるクレオニュモスが、エペイロス王ピュロスの力を借りてスパルタへの侵攻を引き起こした。彼はクレオメネス二世の子で、アレウス即位時に王位を争ったが、長子系で王位を継承するという原則により王になれなかった。そしてそのために国内で混乱が生じるのを避ける意味もあり、軍とともに南イタリアに出征させられた。

その後、一旦帰国してアレクサンドロスの部将であったアンティゴノス一世の孫で、マケドニアの王位争いをしていたアンティゴノス二世ゴナタスと戦火を交えた。しかし敗れて窮地に立たされていたところに、彼の若い妻キロニスがアレウスの子、アクロタトスと懇ろになったことを知ると、その怒りもありピュロスと手を結び、王位を狙ったといわれている。

ピュロスはアレクサンドロス大王とは血縁関係にあり、戦上手としてその名を轟かせていた。彼は前二八〇年にタラスの依頼を受けて南イタリアに大軍を率いてわたり、ローマと三回、会戦した。最初の二回は勝利してローマに大きな損害を与えたが、前二七五年、三回目の会戦で敗れ、ギリシアに帰還していた。そして新たにギリシア本土での勢力拡大を進め、一時はマケドニアの王位も得た。

前二七二年、クレオニュモスとピュロスはスパルタに侵攻し、スパルタ市街まで攻撃が及んだ。当時、アレウスはクレタに出征中だったため、スパルタは苦境に陥ってしまう。この際、女性たちが男性を助けて、大きな力になったとプルタルコスは伝える。アリストテレスは、レウクトラの敗戦後、テーバイのエパメイノンダス率いる大軍がラコニアに侵攻した際に、女性が取り乱して足を引っ張ったと述べたが、どちらが女性の姿を正しく伝えているのであろうか。

時代がかなり下ったローマ期に叙述したプルタルコスは、アリストテレスによるスパルタの女性に関する描写に反論しているが、先に述べた強い母の姿などもプルタルコスなど、後世の史料で強調される傾向があり、これらの女性像はアリストテレス以降に理想化されたものなのかもしれない。

この侵攻は、アレウスが兵とともに帰還し、また当時マケドニアの王位をピュロスと争っていたゴナタスの救援もあり、撃退された。その後アルゴスに転進したピュロスは、一説によれば老婆が屋根の上から投げた瓦が頭部に命中し、落馬したところを討ち取られたと伝えられている。

ゴナタスは同年、マケドニアの支配を確実なものにしてアンティゴノス朝を建て、これでアレクサンドロス死後の後継者争いが終わった。東地中海世界は最終的にセレウコス朝シリア、プトレマイオス朝エジプト、そしてアンティゴノス朝の三王国が鼎立し、その狭間でギリシア人は生きることを余儀なくされた。

## 栄光を取り戻そうとしたギリシア

しかし前二六〇年代に入るとアレウスはゴナタスと戦うことになる。ギリシア本土などでマケドニアに対する敵対工作をしていた、エジプトのプトレマイオス二世の援助を受け、アテナイや他の同盟国とともにマケドニアに対して、いわゆるクレモニデス戦争を起こしたからである。この戦争の名前はアテナイの民会で、マケドニアに対する、プトレマイオスやスパルタなどとアテナイとの同盟決議の提案者の名から取ったものである。

注目すべきは、この決議碑文にエリス人、アカイア人、そしてアルカディアのポリスであるテゲア人、マンティネイア人、オルコメノス人などが、「スパルタとその同盟者たち」と言及されており、スパルタがこの時期にいくつかの同盟国を従えていたことを明らかにする。すなわち、いまだにペロポネソス半島で一定の影響力を行使していたのである。

また、この決議において、これまでマケドニアに対して協同してこなかった、アテナイとスパルタがギリシアの自由を守るため手を組んだ意義を強調する。これは両者が協力したペルシア戦争を想起させ、両ポリスを中心にかつての栄光を取り戻そうとする気運があったことを知ることができる。

しかしアレウスは前二六五／四年にアテナイに向かう途中、コリントスでマケドニア軍と交戦して戦死したため協同して戦うことはかなわなかった。そしてその後間もなく彼の子アクロタトスも戦死してしまう。そのためスパルタは戦争から離脱した。アテナイも降伏して、この戦争はマケドニアの勝利に終わる。アテナイはマケドニアによる支配を強化され、この後の歴史においてギリシア世界の政治の舞台からほぼ身を引くことになった。

## 若きアギスがめざした「国制」への回帰

前二五四年にアギス家の王として即位した、クレオニュモスの子レオニダス二世は奢侈な生活を送り、かつてのスパルタの気風も勢威も消滅したかのように思われた。しかし前二四〇年代に入ると、その後の半世紀は再び、スパルタはギリシアの政治情勢で重要な役割を果たすようになる。

プルタルコスは後二世紀前半に、歴史に何らかの足跡を残した人物の伝記を執筆したが、その際にギリシアとローマで似たようなことをなした人物を対にした。そのためこの著作は『対比列伝』とよばれている。そしてこの時期にスパルタで大胆な改革を実施した二人の王、アギス四世とクレオメネス三世の伝記を、同じくローマで市民の貧富の差の是正などで大がかりな改革を実施した、グラックス兄弟の伝記と対にして執筆した。そのおかげでの時期のスパルタの動きを知ることができるのだ。

まずエウリュポン家の王統でアギス四世が前二四四年に王位に就くと、大がかりな改革の幕が切って落とされた。クレモニデス戦争後のスパルタは、目立った対外活動もなく、アギス即位時には市民は七〇〇名程度まで減り、そのうち一〇〇名に大半の土地や財産が集中するという悲惨な状況であった。

アギスはまだ二〇歳に満たなかったにもかかわらず、当時社会に蔓延していた贅沢な生活を拒み、かつてのスパルタの栄光を取り戻すために、「リュクルゴスの国制」への回帰をめざしたという。スパルタで多くの富が女性に集まっていたことは、すでにアリストテレスが指摘しているが、この頃はその傾向がさらに強まり、最も裕福であったのはアギスの母や祖母であった。彼は彼女たちを説得して協力を得て、一方で有能な仲間の助力もあり、「負債の帳消し」と「土地の再分配」を二本柱に、市民数の増大なども含む社会改革に乗り出す。

## レオニダスが再び権力を握る

当然、同僚の王で奢侈な生活に耽っていたレオニダス二世、そして多くの女性を含む富裕者の反対に遭ったが、半ば強引にこの政策を進め、抵抗するエフォロスたちやレオニダスを追放するなどして、ついに負債の帳消しとともに、市民の補充をペリオイコイと外国人（おそらくスパルタで勤務していた傭兵）から行うことに成功した。このようにスパルタに活気が戻ると、アギスはアカイア連邦からの救援依頼に応じて軍を率いて出征することになった。

アカイア連邦はペロポネソス半島北部のアカイア地方の諸ポリスが、中央政府を作りポリスの枠を超えて軍事や外交、そして経済などの面で協同する組織である。アカイア地方の東隣に位置するシキュオンの若き指導者、アラトスが自分のポリスを加盟させ、ペロポネソス半島に睨みをきかせていたコリントスの砦であるアクロコリントスに駐留していたマケドニア軍を夜襲してこの砦を奪うと、その勢いは増してアカイア地方以外のポリスが次々と加盟するようになり、当時、大きな勢力へと成長途上にあった。

しかしアギスが率いた兵士たちが、負債を帳消しにされ、土地の再分配の希望に燃えて活気があることを見たアラトスは、この機運が富裕者層が指導する連邦内に広がることを恐れて、救援軍を追い返してしまう。まさに二〇〇年前にスパルタがアテナイの救援軍を体よく追い返したのと同じ構図である。

これで改革の潮目が変わった。なぜなら遠征中、アギスは土地の再分配が進まないことに不満を持った民衆の支持を失い、レオニダスが帰国して権力を再掌握したからである。アギスは前二四一年に裁判にかけられ母や祖母ともども処刑され、この改革は失敗に終わってしまった。

## アギスの遺志を継ぐクレオメネス三世

しかしこれで社会改革の動きは終わらなかった。アギスはスパルタ有数の裕福な家の跡取り娘を妻としていたが、レオニダスはその未亡人の財産をものにするために息子のクレオメネスに嫁がせた。伝えによればその妻がアギスの話をして彼を感化した結果、クレオメネスがその改革の遺志を受け継いだとされる。

このエピソードは脚色が入っていると思われるが、前二三五年にレオニダスが死んだため、クレオメネスがアギス家の王に即位すると（クレオメネス三世）、実際アギス以上の改革を実際に行ったのである。しかし性急に事を運ぶことはせず、当初の数年はおとなしくエフォロスたちの方針に従っていた。

## 勢力を拡大するアカイア連邦が宣戦

当時のギリシア世界は、前二三九年にアンティゴノス二世が没し、その子デメトリオス二世が王位を継いだ際に、アカイア連邦とアイトリア連邦が手を結んで始めた反マケドニア戦争（デメトリオス戦争）の最中であった。アイトリア連邦はギリシア中部アイトリア地方で生まれた連邦で、アカイア連邦と同じく中央政府を有してポリスの枠を超えた協同により当時、アイトリア地方の外へ勢力を拡大していた。

デメトリオスはギリシア中部におけるアイトリア連邦との戦争に主力を向け（それゆえ彼にはアイトリコスという渾名があったという伝えがある）、ペロポネソス半島にはほぼ介入しなかったため、アカイア連邦はこの政治的空白を利用して勢力を広げていた。すなわちアラトスは、マケドニアの支援を受けられなくなった僭主が支配するポリスに軍を進め、次々と連邦に加盟させていったのである。

特に熱心であったのが、アルカディアの有力なポリスであったメガロポリスの加盟であった。このポリスの僭主リュディアダスは説得に応じて、僭主の地位を放棄して加盟を決断した。それはクレオメネス三世が即位した同年のことである。この動きが後のクレオメネスの運命を決めることになる。

メガロポリスは第五章で述べたように、かつてレウクトラでスパルタ軍を壊滅させたエパメイノンダスが、スパルタの拡大を抑止するため、周囲のポリスや村を合併して人工的に建市したポリスで、その後は親マケドニア政策を採っていた。それはアギス三世の率いる軍がマケドニア軍に敗れたのが、このポリスの近郊であったことからも明らかである。一貫して反スパルタ政策も維持しており、アカイア連邦に加盟後、その傾向を連邦にもたらすことになる。メガロポリスに続いてマンティネイアやテゲアなどもアカイア連邦に加盟して、スパルタ包囲網が強化された。

しかしマンティネイアなどは反スパルタ政策に反発してか、まもなくアカイア連邦を離脱してアイトリア連邦と手を結び、さらに前二二九年にはスパルタの同盟国となった。これらのポリスはクレモニデス戦争時の決議にスパルタの同盟者として言及されており、この戦争時から親スパルタであったと見て差し支えないであろう。

そしてスパルタ側につくことに、アイトリア連邦が手を貸したと考えられている。かつてマケドニアに対して協力していたアカイア連邦とアイトリア連邦の提携が、すでに有名無実化していたことを象徴する出来事である。

同年、クレオメネスがメガロポリスの境界に軍を進め、当地の砦を占領するとアカイア連邦との関係は険悪となり、秋にアカイア連邦は正式にスパルタに宣戦した。ここにクレオメネス戦争が始まることになる。しかしまだクレオメネスはエフォロスたちの指示で動いており、改革は始まっていない。

　翌年、やはりスパルタの仇敵であったアルゴスもアカイア連邦に加盟して、反スパルタ的性格はさらに強まった。しかしクレオメネスが軍事的才能に恵まれていたのか、あるいはアカイア連邦軍が弱かったのか、戦局はスパルタ有利で進む。エフォロスたちの消極的な対応で同盟国を失うこともあったが、アカイア連邦内のポリスの領土を荒らし、翌前二二七年にはアルカディアのリュカイオン山麓でアカイア連邦軍と全面的な会戦を行い、大勝利を得た。

### 王がクーデターでエフォロスを殺害

　この勝利にもかかわらず、直後にアラトスに裏をかかれてマンティネイアを奪われ、オルコメノスも包囲されてしまう。おそらくこの頃、クレオメネスは現状を変革しない限り、この戦争で勝利することは難しいと判断したのであろう。そこで改革に向かって動き出すことになるのである。

まず王権を強化するために、当時メッセニアに亡命していたアギスの兄弟であるアルキダモスを呼び戻し、エウリュポン家の王に据えた。アギスの改革の際に、アギスがレオニダスを追放後、レオニダスの婿で王家の血筋であったクレオンブロトス二世を王位につけて、両者の合意はエフォロスの指示に優るという原則を持ち出して、改革を強行したことを踏襲する行為である。

ところがアルキダモスは帰国後間もなく、暗殺されてしまった。そのためクレオメネスは実力行使で改革を行うしかないと考え、クーデターを起こす決意をした。まず自分をアルカディアへ出征させるようにエフォロスたちを説得した。そしてメガロポリス付近の戦闘でかつてメガロポリスの僭主であったリュディアダスを討ち取り、アカイア軍に大きな損害を与える。この成果に自信を持ったクレオメネスはいよいよクーデターに着手した。

まず彼の方針に敵対的な市民たちを含む軍をアルカディアに率いていき、彼らを現地に残したまま、自らは傭兵隊を連れてスパルタに急行した。そして志を同じくする者たちに計画を打ち明け、計画を実行するのに最も障害となるエフォロスたちが会食している場を襲撃して、五名中四名を殺すことに成功した（一名は逃亡した）。そして敵対的な市民八〇名を追放して、改革事業に乗り出す。

## 改革の大義名分はでっち上げ?

アギスの改革の際に大きな障害となった、富裕者の利益を代表するエフォロス職を、リュクルゴスの国制には含まれなかったとして廃止し、法の番人としてパトロノモスという新たな役職を創設した。続いて土地の再分配、負債の帳消しを断行し、市民を外国人(これもおそらく傭兵)とペリオイコイから補充して四〇〇〇名まで増やした。さらにかつての生活習慣や教育、共同食事などを復活させる。

これらの一連の施策の正当性を得るために、「父祖(リュクルゴス)の国制」への回帰を旗印として掲げて進めた。一方でアルキダモスの暗殺後、空位だった王位に自らの兄弟であるエウクレイダスを就けた。そのためこれまで続いたエウリュポン家の王統が絶えることになる。

彼はストア派のスファイロスの影響を受けており、改革の内容は当時、ストア派が掲げた理想の社会と共通するものも多い。また実施のやり方や政策には当時の僭主が行うこととの共通点も多く見られる。そのためこの改革の半世紀後に生きたポリュビオスは、彼のことを僭主とよんでいる。これらの点を考慮すれば、彼の実施したことが、かつてのリュクルゴス体制を忠実に復活させたと考えるには無理があろう。

しかしこの改革以降の人々は、クレオメネスが「父祖の国制」としたものをリュクルゴスの定めた社会であると考えるようになり、その社会のイメージに多大な影響を与えたことも事実である。例えばローマ期のプルタルコスが詳しく伝えるリュクルゴスが定めた制度の多くは、クレオメネスがでっち上げたものではないかと、多くの研究者は推測しているのである。

## 勢力を取り戻したが……

クレオメネスが実行した改革によりスパルタの勢力は大いに増進した。その結果、アカイア連邦との戦争でも戦局を有利に進めることになる。前二二六年にはペロポネソス半島北部のヘカトンバイオンでアカイア軍に大勝を得て、その後、アカイア連邦からアルカディアのいくつものポリスも奪還する。

かつての勢力を取り戻したかのように見えたスパルタに対して、アカイア連邦の人々のあいだでは厭戦気分が高まり、また自分のポリスでも社会改革を実施してくれるのではないかという期待も高まったため、クレオメネスとの和平が模索され、彼を招いて会談することになった。そこでクレオメネスをアカイア連邦の指導者として迎え入れる譲歩まで考えていた。しかし彼の急病でこの会談は流れてしまう。このことがクレオメネスにとって大きな痛手となるのだ。

なぜなら、スパルタでの社会改革の動きが、自らのポリスに波及するのを危惧したアカイア連邦の指導者アラトスは、すでに仇敵のマケドニアと手を結ぶことを模索していたからである。そして会談が延期になっている間に当時の王であるアンティゴノス三世ドソンと交渉し、アラトスがかつてマケドニアより奪ったコリントスの要塞である、アクロコリントスの引き渡しを条件にマケドニアの援助を得ることに成功した。クレオメネスはその後もアルゴスを占領する戦果を上げたが、アカイア連邦がマケドニアと手を結んだことにより、その命運は尽きたと言えるだろう。

ドソンは、前二二四年にアカイア連邦に加えて、アイトリア連邦と敵対しているギリシア中部の諸連邦などと同盟を結び（ヘラス連盟）、その連盟軍を率いてペロポネソスで圧倒的な軍事的プレゼンスを示すと、スパルタは窮地に立たされてしまう。すでにスパルタ側についた多くのポリスでは、その社会改革を自分のポリスで行わないことに不満が生まれていたこともあり、次々とアカイア連邦側に寝返っていった。

## クレオメネスの最期

そしてクレオメネスは、ヘラス連盟軍との激突が避けられない状況に追い込まれてしまう。そのための軍を編制するために多大な費用を要したが、エジプトのプトレマイオス三世からの支援金では足りなかった。そこで戦費を補うために、当時の水準から見れば多額の金額を出せば解放するとの触れをヘイロータイに出すと、六〇〇〇名ものヘイロータイがそれに応じたという。このことは、ヘイロータイが一定の財産を蓄えることが可能であったことを明らかにする。

この資金で彼らのうち二〇〇〇名を、マケドニア式の装備をした重装歩兵部隊とした。軍を刷新すると窮地の挽回を試みて、メガロポリスを急襲し一時、占拠した。しかし焼け石に水であった。そして前二二二年夏にスパルタの市街地の北、セラシアで両軍は対峙する。ドソン率いる連盟軍は三万弱、クレオメネス麾下の軍も二万近くと前三世紀にギリシア本土で行われた戦いとしては最大級の規模であった。

戦いはスパルタ軍の惨敗であった。そして同僚の王で兄弟のエウクレイダスを含む大半の兵士を失った。クレオメネスはエジプトに逃亡し、再起を期す。しかし、三年後に当地で当時の王プトレマイオス四世に対して反乱を起こしたが失敗して自害した。一方でドソンは勝利後、軍を進めてスパルタ市を史上初めて占領した。

ところがドソン本人はマケドニアに北隣の異民族が侵攻したとの知らせを受けて、急遽帰国の途に就いた。そしてその撃退には成功したが、戦場で吐血して倒れ、帰らぬ人になってしまった。ポリュビオスはクレオメネスが戦いの火蓋を切るのを数日遅らせるか、あるいはエジプトに逃げずスパルタに留まっていたら、状況は大きく変わっていただろうと述べている。

## 厄介な「最後のギリシア人」フィロポイメン

この占領は二年近く続き、クレオメネスの改革は教育や共同食事など一部は残ったが、それ以外は元の状態に戻された。そして二王制はすでにクレオメネスの時に、アギス家の人間が占めて形骸化していたがこれも廃止され、その長い歴史に幕を閉じることになる。

マケドニアの駐留軍が去って自治を回復しても、国内の混乱は広がる一方であった。クレオメネスの死の知らせが伝わると、王位は復活するが、かつてと同じとは言えず、王の出自も怪しいものであった。

この後、内外の争乱は絶えず、ドソンの後を継いだフィリッポス五世の軍にラコニアを蹂躙されたり、前二〇七年には当時、実権を握っていたマカニダスが、アカイア連邦の指導的地位にあり、軍を改良したフィロポイメンに大敗を喫して戦死した。フィロポイメンは、ギリシアの歴史で記録に値する、最後のギリシア人だとプルタルコスに評された人物である。彼はこの後、二〇年以上、スパルタにとって厄介な人物になるのである。

## ナビスがもたらした最後の輝き

マカニダス死後に幼少の王の補佐役となったナビスは、間もなく王を殺して自ら王を名乗った。王家と血縁関係があったらしいが、真相は藪の中である。しかし彼こそがスパルタの最後の輝きを演出した人物である。ナビスは「リュクルゴス体制」の復活を旗印にクレオメネスの改革の路線を継承して、負債の帳消し、土地の再分配を行ったが、クレオメネスと同じく、この旗印はあくまで口実であり、その内実はクレオメネス以上に過激であった。

まず彼は外国人、ペリオイコイ、そしてヘイロータイや奴隷を市民に編入して、国力の復活に努めた。そして敵対する有力者を追放して、その財産を没収して彼らに配った。さらに自らの姿を刻した貨幣を発行し、市域の周辺に泥煉瓦の市壁を作る。また美術品に囲まれた豪邸に住み、護衛をつけるなど、伝統的なスパルタの王というよりは、僭主、あるいは当時のヘレニズム諸国の王のように振る舞った。

そして彼の行ったことは、クレオメネスと同じようにスパルタを当世風の社会に改造することが目的であると言えるだろう。この思い切った改革により、再び、スパルタは当時の国際関係において目立った活動をするようになるのである。

さらに巧みな外交も展開した。スパルタはマケドニアとローマの間で行われた第一次マケドニア戦争では（前二一四〜前二〇五年）、ローマ側に名を連ねていた。しかし前二〇〇年に第二次マケドニア戦争が始まり、マケドニアの同盟国であったアカイア連邦などがローマ側に寝返ると、ナビスはマケドニア王のフィリッポス五世と交渉してアルゴスを手に入れた。ここでも逃亡した富裕者の財産を没収し、残った富裕者たちからは財産を供出させて負債の帳消しや土地の再分配を実施して、自分の支持者を獲得する。

ところが第二次マケドニア戦争でマケドニアの劣勢が明らかになると、今度はローマ側につき、現状維持をローマに認めさせた。しかしマケドニアが降伏し、翌前一九六年にローマ軍を指揮していたフラミニヌスが、全ギリシアの祭典の一つであるコリントスのイストゥミア祭の席上で、自治の維持、貢納の免除、駐留軍の撤退をギリシア人に約束した「ギリシア自由宣言」を出すと、スパルタのアルゴス支配が問題となった。

ローマはアルゴスの自由を宣言するが、ナビスがこれを拒否したため、前一九五年にローマはナビスに対して宣戦した。圧倒的なローマ軍に攻められてアルゴスを手放すだけではなく、沿岸のペリオイコイのポリスも独立させられてしまう。前一九二年、ナビスはこの奪還をめざすがうまくいかず、救援を口実にやって来たアイトリア人に暗殺された。その後の混乱に乗じて、フィロポイメンはスパルタをアカイア連邦に併合してしまう。

### 生活習慣も教育も廃止

スパルタはこの結果、アカイア連邦の傘下に置かれ、クレオメネスの改革以降、継続していた生活習慣や教育も廃止させられた。領土も大きく減少しペリオイコイのポリスは「ラケダイモン人同盟」を結成して、これ以降、スパルタの領内に戻ることはなかった。さらにこの時にヘイロータイも解放されて、制度上、スパルタを支えてきた身分制度も最終的に解消してしまい、独立した政治勢力としてギリシア世界で活躍する道はここに閉ざされたと言って良いであろう。

アギス、クレオメネス、そしてナビスの改革はどれも市民数の増大が功を奏し、特にクレオメネスとナビスの場合、土地の再分配により市民の生活を保障したことが一時的とはいえ、成功の理由と言えるであろう。またクレオメネスの改革で導入された、アゴーゲーとよばれる教育システムや生活習慣は、ナビスの時まで維持されており、これが市民軍の強さの背景にあった。フィロポイメンがこれらを廃止させた理由はそこにある、と考える研究者もいるのである。このように彼らの改革による市民団の再生がこれほどの効力を発揮したことは、逆に当時のギリシア世界に広く巣くっていた、一部の人への富の集中による社会問題を浮き彫りにしていると言えるであろう。

## ギリシアはローマの属州に

ところがスパルタはこれで歴史の舞台から消えはしなかった。アカイア連邦に加盟した後も連邦政府との対立は絶えることなく、ついにはこの対立を引き金としてアカイア連邦は前一四六年にローマとの戦争に突入した（アカイア戦争）。圧倒的なローマ軍にアカイア連邦軍は粉砕され、中心的な都市の一つであるコリントスは徹底的な破壊を受け、その後、ギリシアはローマの属州に編入され、その領土に組み込まれてしまう。

スパルタは大きな被害を受けることはなかったが、コリントスや連邦創設時からのメンバーであったパトライは後にローマの植民市とされ、多くのローマ人やイタリア人が移住してきた。そして属州支配のギリシアでは、フラミニヌスの自由宣言にもかかわらず、ローマへの貢納金をイタリア人の徴税請負人が厳しく取り立てており、スパルタも苦しめられたことが知られている。

さらにギリシアの属州編入後、プルタルコスの伝記において、アギスとクレオメネスと対にされたグラックス兄弟が推進した改革事業を発端とする、内乱の一世紀とよばれる、有力者同士の戦乱の時代にローマは突入するが、ギリシア人も決して無縁ではなく、その対立のなか、誰を支持するかで悩むことになった。

スパルタも例外ではなく、特にカエサルが暗殺された後、彼の相続人に指名された、姪の子オクタウィアヌス（後の初代皇帝アウグストゥス）がギリシア北部のフィリッピで、カエサルを暗殺した勢力と会戦した際（前四二年）、彼に援軍を送った。しかしこの戦いでその援軍のうち二〇〇〇名が落命したという。

その後カエサルの片腕であったアントニウスが、オクタウィアヌスと権力の座をかけて最終決戦をするため、ギリシアに軍を進めた際にも、周囲とは異なりオクタウィアヌス側についた（前三一年）。このことが結果的にはスパルタにとっては幸いし、オクタウィアヌスは勝利するとスパルタを好意的に遇し、彼の知人であり、当時スパルタで有力であったエウリュクレスは、その後、絶大な権力を振るった。彼の子孫はネロ帝時（在位　後五四〜六八年）まで有力であった。

帝政期に入ると、スパルタは自由を与えられ、アウグストゥス帝を継いだティベリウス帝の時代まで、隣国メッセネと境界争いを続けていたし（後二六年）、五賢帝の一人であるアントニヌス・ピウス帝時に（在位　後一三八〜一六一年）、沿岸部のかつてのラケダイモン人同盟（当時の自由ラコニア同盟）などとの境界紛争が知られるが、帝国下で政治的な行動はほぼ不可能となっていた。

## 名声の復活

ところが文化的な面で、このポリスの名声は復活するのである。質実剛健という巷で抱かれるスパルタのイメージは以前からローマ人に好まれており、特に教育を筆頭とする生活様式に関心が集まり、それを見物するために多くの人々が訪れるようになる。

かつてアルテミス・オルティアの祭壇で教育の仕上げとして行われた、チーズの争奪戦はその後、形を変えてどの程度、鞭打ちに耐えられるかというコンテストとなり、ローマ期のスパルタ教育の象徴的な儀式となった。ここで最後まで耐えたまま亡くなった若者もおり、それを母は誇りに思ったという極端な話も伝わっている。古くはキケロ、その後もプルタルコス、リバニオスなどが実際に見物して自らの著作で言及しており、三世紀にはそのために立派な観客席が作られたほどであった。

古典期まで行われていた青少年の教育はヘレニズム期には一度、廃れてしまい、その後、クレオメネスの改革の時に、古びた装いのもとストア派の思想を導入して復活したことは先に述べたが、これもアカイア連邦下で中止となってしまった。しかしアカイア戦争後、さらに形を変えて復活し、特にローマ期にはあえて古いラコニアの方言や名称を用いた、裕福な子弟を主たる対象とする教育制度として帝政下で続いたのである。当時の人々は、これが遠くリュクルゴスの時代のものだと信じており、スパルタは遠い過去の社会を今まで変わることなく持続していると見なされていた。

さらに後一世紀後半から二世紀のギリシアでは、第二次ソフィスト運動とよばれるギリシアのリバイバルブームが到来し、ギリシア人たちは自らのアイデンティティを、ローマ人が高く評価した古典期以前のギリシアの姿に作り直していき、過去の栄光の復活を文化面で進めていた。これはローマ帝国において有利な位置を得るための方策の一環として見なすべきであるが、ここで古典期に代表的なポリスであった、アテナイとスパルタは評価されることになる。

特にギリシア愛好で有名なハドリアヌス帝（在位　後一一七～一三八年）は、アテナイに本拠を置く「パンヘレニオン（全ギリシア同盟）」を作らせ、アテナイとともにスパルタを厚遇した。この同盟への参加条件がギリシア人であることであった結果、小アジアなどの出自が怪しいいくつものポリスがスパルタを母市と宣言するに至り、文化的な世界においてスパルタの地位が復活したのである。

かつてのペルシアを震え上がらせたその勇猛さゆえに、例えばウェルス帝（在位　後一六一～一六九年）やカラカラ帝（在位　後二一一～二一七年）は、東方のアルサケス朝パルティアとの戦いに飾りとしてスパルタ兵の部隊を同行させもした。これらの動きこそ、スパルタのイメージが中世以降にも絶えることなく、強大なインパクトを残しながら現代まで伝わった素地になるのである。

## 都市として存続

しかし現実の世界では、ローマの厳しい軍費の取り立てや、三世紀後半にはギリシアに南下してきたヘルリイ人による劫掠《ごうりゃく》、さらに四世紀末にもアラリック率いるゴート人の略奪を受けて荒廃していった。

中世のビザンツ期にはラケダイモニアと改名して復活を試みるが、スラブ人の度重なる侵入に人々は西方のタユゲトス山麓のミストラに居を移してしまう。その後、ミストラには多くの修道院が建てられ、ビザンツ帝国末期の中心的な存在となった。これらの修道院の廃墟は現在、世界遺産に登録されている。

一八三〇年にギリシアがオスマン帝国より独立すると、バイエルン王家のオトンがギリシアの王となる。彼は熱烈なギリシア愛好家であったため、一八三四年に過去のスパルタの栄光を復活させるべく、ミストラの住民を強制的にかつてのスパルタの市街地に移住させた。そのおかげで現在も、この地域の中心地として、約一万八〇〇〇人が住む緑豊かな地方都市として存続しているのである。

# 第七章　永遠のスパルタ

## ブランド化への道程

前章で述べたように実体としてのスパルタは、ローマ帝国末期の騒乱のなかで荒廃し、一八三四年に再興されるまで歴史のなかで姿を消してしまう。しかしその間もスパルタをめぐる言説はしぶとく生き残り、西洋文明の伝統のなかに鮮烈に刻み込まれ、その結果、ブランド化した。本章ではそのプロセスに目を向けてみたい。

【第七章　関連年表】

前六世紀半ば　リュクルゴス体制が成立。
前四八〇年　テルモピュライの戦い。
前四世紀前半　クセノフォンがスパルタの国制を理想化して語る。
前二二〇年代前半　クレオメネスの改革。
三九五年　ローマ帝国が東西に分裂。
一五一六年　トマス゠モアが『ユートピア』を発表。
一五八〇年　ド゠モンテーニュが『エセー』を刊行。
一六八八年　イギリスで名誉革命が起こる（～一六八九年）。
一七三七年　詩人グローヴァーが詩『レオニダス』を刊行。

一七四八年　モンテスキューが三権分立を説いた『法の精神』を刊行。
一七六二年　ルソーが『社会契約論』『エミール』を刊行。
一七八九年　フランス革命開始。
一八〇〇年　画家ダヴィッドが「テルモピュライのレオニダス」制作開始（〜一八一四年）。
一八〇四年　ナポレオンが皇帝に即位（〜一八一五年）。
一八一二年　ナポレオンがロシア遠征。
一八二一年　ギリシア人がオスマン帝国の支配から独立するために蜂起。ギリシア戦争勃発（〜一八二九年）。
一八三四年　スパルタが「スパルティ」として再興される。
一八五三〜五五年　ゴビノーが『人種不平等論』を発表。
一九三三年　ドイツでナチス政権が樹立。
一九九八年　フランク・ミラーが『３００』を、スティーヴン・プレスフィールドが『炎の門』を発表。

## スパルタ伝説の始まり

スパルタをめぐる伝説はまだ実体がある時から始まっていた。第一章で指摘したように、ヘロドトスが描くテルモピュライの戦いやスパルタのエピソードに、その要素が含まれていることは否定できないであろう。トゥキュディデスがスパルタの内実は厚いヴェールに覆われており、現実を知ることが困難だと述べているが、すでに前五世紀よりその実態は謎に包まれている部分が多かったのである。

さらにスパルタはこの状況を利用して、自らのイメージを対外的に操作していたのではないかとも考えられている。その結果、さまざまな憶測を生み、伝説を生み出すことになったと見ることもできる。第三章で述べたように、リュクルゴス体制の成立が前六世紀半ばであるにもかかわらず、前五世紀の叙述家が一様に、それを遠い昔に置いているのは、スパルタの言い分を信じたことから生じたのであろう。

そして前五世紀末にスパルタがペロポネソス戦争で勝利した頃には、スパルタマニアとでも言うべき人たち（フィロラコーン）の存在が知られる。例えばアテナイで三十人僭主の指導者であったクリティアスは、スパルタの国制に関する著作を残すほどスパルタに好意を抱いていた。続く前四世紀前半には、クセノフォンがスパルタの国制を理想化して語り、彼を厚遇した王アゲシラオスを讃える叙述も残している。

レウクトラの戦い後にスパルタが覇権を失うと、スパルタを回顧的に理想化する動きが高まることになる。プラトンやアリストテレスが、自らの理想国論で欠点を指摘しているにもかかわらず、スパルタの国制や社会に高い評価を与えているのも、その流れにあると言えるだろう。そしてここであげた著述家はすべてアテナイ人か、アテナイで活動した人物であるという点に注意が必要である。

特に前四世紀以降の著作は、スパルタの実態というよりはアテナイ社会の欠点を示すことに重点を置いて、そのアンチテーゼとしてスパルタの国制や社会を描いていることを考慮しなければならない。スパルタ人自身の著作がないうえに、ある種、ここで外部の者たちが理想化して記録したことが、後世のスパルタ理解に大きな影を落としているのだ。

第二章で紹介したように、現実から離れて一人歩きを始めたスパルタ像のことを学界では、「スパルタの幻影（Spartan mirage）」とよんでいる。このことを念頭に置きながら、伝説の展開を見ていきたい。

## 古代世界における「幻影」の展開

まずこの「幻影」に多大な影響を与えたのが、前二二〇年代前半になされたクレオメネスの改革である。第六章で指摘したように、この改革の正当性を得るために、クレオメネスはリュクルゴスの定めた体制をでっち上げた。リュクルゴスが土地の再分配をしたという伝えは、この改革後に執筆したポリュビオスの叙述で初めて見られるものである。

教育や生活習慣も、クレオメネスが助言をあおいだストア派の主張に近く、それをリュクルゴスが定めたと喧伝して、実施を円滑に進めたと考えられる。ストア派とは前四世紀末以降の哲学の潮流において、ゼノンを始祖として多くの信奉者を得た集団であり、ローマ人にも大きな影響を与えた。有名なのが五賢帝の一人で、『自省録』を執筆したマルクス＝アウレリウス＝アントニヌス帝である。

しかしポリュビオスの例から明らかなように、この改革後に生きた人々は、これこそが遠い昔にリュクルゴスが定めたものだと信じるようになる。我々にスパルタに関する多くの情報を残した、帝政期のプルタルコスが描くリュクルゴス体制はまさにそれを体現したものであり、特に『リュクルゴス伝』に色濃く見ることができる。

## スパルタに好意を抱いていたローマ人

一方でローマはなぜ世界制覇が可能であったのかを主題に、ポリュビオスはローマが地中海世界の大国を打ち破った時代の歴史を執筆したが、その理由としてローマの国制の素晴らしさをあげた。ギリシア人はこの世に政体は、一人が支配する王政、少数が支配する貴族政、多数が支配する民主政という三つの種類しかないと考えていた。そしてこれらの政体は不安定であり、王政から貴族政、そして民主政へと移ろいやすいため、国内は常に不安定であったと見なしていたのである。

しかしポリュビオスは、ローマが王政、貴族政、民主政という三つの国制の各々の要素を併せ持った混合政体であると見なし、そのため政変のない安定した社会を得られ、対外的な活動を活発にできたことが成功の理由であったとする。そこでスパルタもローマと同じく混合政体であったと述べており、これをローマ人も受け入れて広く認識されたことは、ルネサンス以降のスパルタのイメージに多大な影響を与えるようになった。

ローマ人は自らの気風を、「軽く」て「口先ばかりで信用ならない」ギリシア人に対して、「重く」て「質実剛健」と見なしていたが、例外的にスパルタは似た気風を持つ社会だと古くから好意を抱いていた。ローマ周辺のいくつものコミュニティがスパルタ人を祖先だと称していたのも、その現れであろう。

またこの流れとは別にスパルタが強烈なイメージを残したのが、ペルシア戦争での奮戦であった。これは特に一九世紀以降のスパルタのイメージで重要となる。ギリシア人にとってペルシア戦争は、クレモニデス戦争の説明で言及したように、輝かしい過去として認識されていた。これは前四世紀のアテナイの弁論などにすでに見られるが、時代が下るにつれ「自由」、「祖国」を守った戦いという性格づけが強くなる。そして多くの場所にそれを記念するモニュメントが建立されていたと、前二世紀の政治家で著述家であったローマ人の大カトーは述べている。

一方でローマ人にとってはテルモピュライでの奮戦は、レオニダス以下、死に面してもたじろがず、祖国のためにそれを受け入れる姿勢が尊崇の対象となり、大カトーを始めとして、キケロ、そしてネロ帝の家庭教師をした哲学者のセネカなどの著作で高い評価を得ているのである。死への向き合い方としては、アルゴスとの戦いで三〇〇名のうち唯一人、生き残りながら命を絶ったオトリュアデスも、レオニダスとセットで言及されることが多かった。

ローマ人はギリシア文化の影響を建国時より受けており、帝国化した後も尊重していた。

貴族はギリシア語も喋れるバイリンガルであったし、ギリシア人による多くの著作も嗜んでいた。第六章で指摘したように、このような状況を支配下のギリシア人は利用する。すなわち、ローマ人がイメージするギリシア社会を装うことで、さらなる好意を得ようとしたのである。ローマ人が評価したギリシア社会とは古典期以前の世界なので、ギリシア人はあえて復古的な装いを纏うことに努めた。そして古典期の中心的な存在であったスパルタとアテナイの地位も大きく復活したのであった。

そこでスパルタ社会も、ローマ人が抱く「幻影」に沿った社会を現出させようとした。その社会は、リュクルゴスが遠い過去に定めたものを継続させていると称し、あえて昔の方言を用いた古びた装いの教育などを見世物として、海外から多くの見物客を集めたのであった。実際に見物した著述家は、それをかつてリュクルゴスが創り上げた社会だと錯覚して記録した。プルタルコスもその一人であった。そしてこれが中世以降の「幻影」のもととなったのである。

## 中世の「幻影」

ローマ帝国は三世紀以降、その支配は安定せず、四世紀の終わりには東西に分裂状態になり、西側はゲルマン民族の移動の波のなかで五世紀後半に姿を消すことになる。その後も動乱は続き、現在の西欧にあたる地域では新たな世界の形成が見られた。この状況のなか、ギリシア語は理解不能の言語となり、古代ギリシアの理解は著しく低下してしまう。

それゆえスパルタに対する関心もなくなってしまったように思われるが、リュクルゴスやレオニダスという人物についてはその限りではなかった。レオニダスは騎士的な王のモデルとして興味を持たれたが、後世の「幻影」との関係で重要なのはリュクルゴスをめぐる認識である。

一二世紀にはイスラーム世界から古代ギリシアの著作や情報を逆輸入する形で、スコラ学などを中心に古代への関心が喚起された。教科書的には「一二世紀ルネサンス」とよばれるものである。この動きのなかでリュクルゴスやスパルタへの言及も見られるようになる。ただしスコラ学ではアリストテレスの著作の影響が大きかったので、スパルタに関する情報も彼を通してのものが多くを占めた（あとはローマ期にラテン語で書かれた著作からのもの）。

その結果、政治体制、そこでの指導者の役割などに注目が集中し、キリスト教世界のモラルのなかで解釈されることになる。例えば教会と世俗権力が対立する社会において、その支配の正当性に関して議論され、優れた指導者のモデルとしてリュクルゴスがあげられた。またスパルタは混合政体として論じられてもおり、この時代は主として政治論のなかで認識される存在であった。一方で教育や社会面への関心は薄かった。

## ルネサンスでブランド化が進む

一四世紀以降、イタリアの諸市を中心に西欧で顕著になる、ギリシア・ローマ世界への関心を「ルネサンス」とよぶが、この動きのなかでスパルタのブランド化が進むことになる。ルネサンスはキリスト教的世界観への疑義から生じ、キリスト教以前の古代への注目が原点であり、基本的には古代ローマ帝国時代の文明（フマニタス）の「再生（ルネサンス）」をめざすものである。

まずペトラルカを筆頭に人文学者とよばれる人たちが、主として修道院などに保管されていた、古代ローマ時代のラテン語による著作の写本の収集に勤しむことで、当時の理解が深まっていった。一方、東側のローマ帝国としてこの時代まで存続していたビザンツ帝国が、滅亡の危機に瀕しており、この混乱のなかで学者、そしてギリシア語の著作が西欧に一気に流れ込んだことが、さらに古代世界へのアクセスを容易にした。ビザンツの学者により、それまで理解不能であったギリシア語を習得する道も拓けて、その著作内容の理解が可能になったことも、古代への関心の喚起に大きく寄与した。

この動きがスパルタの「幻影」の展開にとって大きな意味を持つのである。特にプラトン、クセノフォン、ポリュビオス、プルタルコスなどの著作が、西欧世界に知られたことが重要であった。

プルタルコスはすぐに翻訳されて、多くの読者を得た。そして彼の『対比列伝』、『モラリア』で語られる古代の人物の生き様は、ルネサンス期の人々にとって徳を示すモデルと見なされたのである。そのなかにリュクルゴス、リュサンドロス、アゲシラオス、アギスとクレオメネスなども含まれ、スパルタに関する情報が飛躍的に増大して、その関心が高まることになる。まずプルタルコスを窓口に西欧におけるスパルタ像が造られたことが、これに続く時代のスパルタ像を左右した点は見過ごすことができない。

## マキャベリが「最も優れた国制」と評価

一方で一五世紀には、政治学の祖といわれるマキャベリがスパルタの国制を取り上げた。彼は歴史上に実在した国制のなかで、特にスパルタ、ローマ共和政、そして彼の時代のヴェネティア共和国を最も優れた国制だと評価する。その根拠はすべて混合政体であるということであった。彼は当時、社会動乱が頻発し、国家間の争いも激烈であった世界において、国家に求められるのは何よりも「安定性」であり、それをこれらの国々は混合政体により達成したと見なしていたのである。加えてスパルタに関しては、やはり当時の時代背景から市民を鍛えて強力な軍を作ったことも評価された。ここに軍事国家としてのスパルタのイメージを見ることができる。

そしてマキャベリに限らずこの時代は、混合政体により安定性を実現したと見なされた、スパルタと共和政ローマとの比較が盛んになされた。混合政体によりローマは拡大志向となったことに対して、スパルタでは長きにわたり国制を維持するという不変性に活かされたと考えられ、スパルタを支持する意見が多かった。

また国制がめまぐるしく変わると見なされていたアテナイと比較されることもあった。その際、スパルタをヴェネティア、アテナイをフィレンツェに準えて議論されている。このスパルタとアテナイを同時代のライバル国に当てはめて議論することは、この後に何度も繰り返されることになる。

## 絶対主義の時代における国制論

一六世紀後半、中世の封建諸国に対して絶対主義とよばれる、王権が強化されて官僚機構を整備した国家が登場し、お互いに戦争を繰り返す時代となる。ここでもスパルタへの言及は盛んであり、ルネサンスと同じく国制論のなかで注目された。

フランスではモラリストとして有名なド＝モンテーニュが、プルタルコスとセネカの叙述を通して、その著書『エセー』などでスパルタを取り上げている。彼は市民の自由を奪い、神意を政治に持ち込み、さらに教育の目的は認めつつもその容赦のない点でこの社会に批判の目を向けるが、それでもリュクルゴスの法の不変性により体制の変化が防がれたことを評価して、ヨーロッパ文明が生んだ最高の体制であるとした。『エセー』という題が、プルタルコスの『モラリア』に着想を得たことからも、その影響が強かったことは明らかである。

一方でド＝モンテーニュと同時代で、王権神授説を唱え、主権としての王権の強化を主張したボダンは、混合政体は実際には三つの政体のうちのどれかであり、現実的ではないと考え、スパルタを民主政であるとして否定的な評価を下した。権力を分散することはアナーキーな状態を招来するので、権力は集中すべきだというのが彼の考えである。これらの議論はマキャベリと同じく、宗教戦争などが頻発する不安定な社会を反映したものと見なせるだろう。

ボダンの考えには、後のイギリス革命期に『リヴァイアサン』を著して、やはり権力の集中を唱えたホッブズも同調しており、これ以降、混合政体は現実的には不可能だと見なされるようになり、スパルタへの関心は他のところに移っていく。しかし依然として国制の他の面への関心は残った。

## 三権分立のヒントに

イングランドのテューダー朝では、王権をめぐる議論でエフォロスが注目されることになる。すでに宗教改革のなかで王権を監視する存在として言及されていたが、ここでも権力を制限する立場として取り上げられた。この流れで「ユートピア」という造語をした、トーマス＝モアの『ユートピア』が執筆され、そこで描かれる理想の社会はプラトンの理想国やスパルタとの共通点も多い。また一八世紀のフランスの啓蒙思想家、モンテスキューは混合政体と当時のイングランドの政体などとの比較から、権力のチェックが可能な三権分立という思想のヒントを得たと言われている。

イギリスでは一七世紀に、アメリカとフランスでは一八世紀に革命が起こるが、そこでも新たな体制構築に向けてスパルタの国制を参考にしようとする動きがあった。イギリスでは前世紀の動きの延長線として、王権やクロムウェルの権力を制限する点でエフォロスの職務が注目された。一方でフランスやアメリカにおける共和国という国家体制の樹立では、スパルタもいくぶん注目されたが、ここで主として参考とされたのはローマ共和政の国制であった。

中世からスパルタへの関心は、リュクルゴスの法や混合政体など国家体制の安定性が中心であったが、それらを実際に導入することは不可能であることが認識されるようになると、一八世紀末までには国制への関心は薄れてしまった。しかし国制とは別にスパルタの新たな面への関心が高まっており、フランス革命でもそちらへの言及が多い。そしてその関心こそ、現在のスパルタのイメージの根幹をなしていると言えるので、次にその動きを紹介したい。

## ルソーが熱烈に支持

ルネサンス期や絶対主義の時代においても、プルタルコスなどで語られるスパルタの特徴的な社会への言及があったが、本格的に取り上げられるようになるのは啓蒙思想期においてである。啓蒙思想とは一八世紀のフランスを中心に展開され、中世以降の認識のあり方を批判し、理性の重視を特徴とする思想運動である。

一八世紀前半の西欧は経済的活況もあり、社会が大きく変わる時代であった。貧富の差も拡大し、市民階層の台頭などにより旧体制（アンシャン・レジーム）は動揺していた。このような時代背景のなか、スパルタ社会への熱烈な支持者も現れることになる。その代表が我が国でも『社会契約論』、『エミール』の著者として知られるルソーである。

彼はスパルタの制度について、従来の評価を継承して社会不変の法の制定、それによる安定した社会を創り上げたとして、リュクルゴスを高く評価する。しかし一方でその社会に注目して絶賛したことが、後世のスパルタのイメージに大きな影響を与えることになった。

彼は芸術などへ傾倒せず、無知であることを評価して、当時の文化的な爛熟への批判としてスパルタの社会を取り上げる。また市民意識のモデルとして愛国心や道徳、仲間意識、加えてプライベートより公共を大事にする姿勢にも言及した。これらの認識は主としてプルタルコスの伝えるスパルタ像をもとにしていた。

## アテナイとの比較

しかしこの時代はスパルタが手放しで誉められたわけではない。例えば啓蒙思想運動において重要な役割を果たした、ルソーと同時代の『百科全書』派のヴォルテールやディドロは、文化への抑圧や経済的な規制に対して批判的であり、スパルタよりはアテナイを評価している。

この動きのなかでスパルタは理想的な、もしくは避けるべき社会のモデルとして、アテナイとの比較により積極的に論じられるようになった。アテナイは外に開かれ経済的に繁栄し、文化が進展したが、政治的に不安定で貧富の差が大きく、デマゴーグの出現が見られる社会とされた。一方でスパルタは閉じられた社会で、経済が低調で文化を蔑ろにするが、政治的に安定し、市民団の結束・経済的平等を実現したと捉えられている。

リュクルゴスがなしたと認識されていた土地の再分配などの経済的平等は、フランス革命期の指導者などが国制以上に注目したものであり、これも後のスパルタのイメージとして強くなっていく。しかし当時の経済的活況もあり、多くの人々はアテナイを評価していた。

## ナショナリズムの高まりとテルモピュライ

ルソーの評価に見られる、公共に奉仕し愛国心を持つ市民のモデルとしてのスパルタのイメージは、フランス革命後の動乱の時代に強くなる。すでに一八世紀半ばに、イギリスの詩人グローヴァーが、テルモピュライの戦いでのレオニダスとスパルタ兵を高らかに謳った五〇〇〇行に及ぶ詩、『レオニダス』を刊行すると（一七三七年）、大きな反響を巻き起こしていた。当時のイギリスにとって、連合王国成立（一七〇七年）により国民の団結などが課題であった時代背景を考慮する必要があるが、この作品はフランス語、デンマーク語、そしてドイツ語では四つの版で翻訳され、西欧で広く読まれることになる。

この作品の一節に、「国（もしくは故郷）のために死ぬということは、家族のために死ぬということ、すなわち家族の自由を守るために死ぬということだ」というものがある。このような形でテルモピュライにおけるレオニダスとスパルタ兵の戦いが、広くヨーロッパの人々の心に刻まれ、この戦いは現在に至るまでの国家や家族、自由という概念に殉ずるアイコンとしての地位を得たと見なせるだろう。

## ナポレオンと『テルモピュライのレオニダス』

例えばフランス革命からナポレオンの帝政期にギリシア・ローマ古典を題材に多くの絵を描いた、ナポレオンのお抱え画家ダヴィッドの『テルモピュライのレオニダス』も、その流れにあると言える。一八〇〇年に制作を始めたこの絵を見たナポレオンは、ダヴィッドを叱ったという。なぜならテルモピュライは所詮、負け戦であり、それを嫌ったからであった。その際ダヴィッドは返答で、スパルタ兵の高貴なる抵抗、彼らの忠誠心、そして禁欲に言及した。祖国や自由を侵す外国勢力への抵抗、国や主君への忠誠心を表そうとしたのであろう。

ところがナポレオンはロシア遠征に失敗して劣勢が濃厚になると、一八一四年に軍人の学校にその複製を飾るように求めた。それは自分を予想される敗戦に向かうレオニダスに準え、厳しい戦いに覚悟を持って臨んだスパルタ兵のように、兵士たちが自分、そしてフランスに対して忠誠心を抱くように鼓舞したい意識があったと考えられている。

ナポレオン没落後、ギリシア人がオスマン帝国の支配から独立するために蜂起したが(一八二一年)、この際テルモピュライでの奮闘は、すでに欧米で自由を守るための自己犠牲的な意義づけがなされていた影響もあり、独立をめざすギリシア人にとって重要な先例となり、幾度となく言及された。

本来、帝国内のギリシア正教徒たちの独立という性格にすぎない戦いであったが、この歴史的前例により、彼らが古代ギリシア人の末裔であることを前面に打ち出すことになり、当時の西洋世界に彼らの動きを支援するギリシアブームを巻き起こした。独立戦争に参加して、当地で客死したイギリスの詩人バイロンもその一人であり、テルモピュライを持ち出してギリシア人を鼓舞したことは広く知られている。

このように一八世紀以降、テルモピュライにおけるレオニダスとスパルタ兵の奮戦は、古代にギリシア人やローマ人が認識したように、自由や祖国を守るために死を厭わない行動を体現するモデルとしての地位が揺るぎないものとなるのである。

その後の欧米世界は国民国家の形成、そして資本主義社会の進展のなか、スパルタ認識が展開していった。ネガティブな認識としては、文化を軽視したこと、自由や快適さを犠牲にした厳しい教育や生活であったこと、ヘイロータイへの過酷な仕打ち、そして経済が停滞したことがあげられる。逆にポジティブな評価としては、愛国心、質素さ、貧富の差のなさ、軍事的強大さ、政治的安定が指摘された。すでにスパルタの形容詞スパルタン（Spartan）に、「武勇の」「質素な」などの一般形容詞化した意味を見ることができ、ブランド化は着実に進んでいると言えよう。

これらの議論について紙幅の関係上、細かくは取り上げられないので、最も特徴的であったドイツにおけるスパルタ認識の変化に焦点をあてて話を進めていこう。

## ドイツと民族概念

ナポレオンのヨーロッパ侵略は多くの国におけるナショナリズムの勃興に寄与したが、なかでもドイツではその傾向が強かった。愛国心を鼓舞する動きのなかで、第一章で触れたようにシラーが、テルモピュライで斃れた兵士たちのために創られた碑銘をドイツ語に訳した。また質素で軍事的な社会が、軍人王と渾名されたフリードリッヒ・ヴィルヘルム一世時代(在位一七一三~四〇年)のプロイセンに似ていると指摘されたりもした。しかしこの時期には、スパルタの社会は人類にとっての適切な目的には合っていないとして、スパルタよりアテナイを評価する傾向が強かったのである。

ナショナリズムの勃興が引き起こした、もう一つの特徴が民族概念の強調である。これがスパルタとドイツの類似を想起させることに一役買うことになる。古代史研究の分野においても、ギリシア人のなかのイオニア人、ドーリス人などの区分けを強調する傾向が見られるようになった。特に一八二四年、ミューラーという学者が『ドーリス人』という本を刊行して、「部族」という概念からギリシア史の理解を試みた。

この際、アテナイ対スパルタの対照が、第三章で言及したイオニア人対ドーリス人の対比で語られた。一九世紀中頃よりイギリスでも当時、急速に勢力を拡大していたドイツとの対比のなかで、この二つの部族が取り上げられるようになっていた。そこで自らをイオニア人のアテナイ人に同定し、その特徴を自由主義、海洋国家、経済的繁栄、文化の進展とする。一方でその対照としてドイツをドーリス人としてのスパルタ人に同定して、保守主義、軍国主義、農業国家、国内の安定、個人より国家の優先をその特徴としたが、第一次世界大戦で戦火を交えるなかで、ドイツでもこのような捉え方が一般的になる。

当時、ドーリス人のこのような性格づけに関して、ゲルマン人気質との類似性を指摘する知識人も存在したことが、後のスパルタに関するドイツ人の理解に多大な影響を及ぼすことになったのである。

さらに二〇世紀に入る頃、生物学的な見地での「民族」を重視する傾向の影響も加わることになる。特に一九世紀中頃に活動したフランスの外交官、思想家、小説家で、『人種不平等論』で有名なゴビノーにより唱えられた理論が重要であった。彼は古代アーリア人の系統にある白人の優越性を唱え、白人以外との混血が文明の衰退を生むと主張した。

この認識に、ゴビノーと同じ頃に発表されたダーウィンの進化論を土台に展開された、社会進化論における人類の「自然淘汰」の思想も加わった。すなわち優秀な白人の純粋性を維持する大事さを指摘するのである。なかでもドイツ人が白人の性格を強く維持していると見なされた。

ギリシア人は北から南下して定住した人々と考えられるので、ドーリス人はアーリア人の系統にあると考えられた。子が産まれた時に育てるか否かを決めるため、スパルタで実施された検査が注目され、それが歴史に名を轟かしたスパルタの強さに貢献したとし、民族の「優生思想」が補強された。そして肉体の美しさも当時、人種的な点から重視され、この認識は第一次世界大戦後、さらに強化されてナチスの思想へとつながることになる。ただ皮肉なことにゴビノー自身は、ドーリス人は歴史的展開のなかで民族的純粋性を失ったと見なしていたし、ユダヤ人を劣等ではなく優秀だとしていた。

## ヒトラー率いるナチスが最大限に賛美

ドーリス人であるスパルタ人の社会が有する特性についての認識は、第一次世界大戦後にさらに強まった。敗戦のショック、帝政の廃止、ワイマル共和国体制への反発などがその背景にあり、この段階でようやく評価の点でアテナイを逆転することになる。そしてスパルタは道徳的気高さを有した市民から成る、民族的優越性を示した社会であると、ユートピアとして捉えられる傾向が強まった。さらに反モダニズム、反議会主義、社会進化論などを体現していると見なし、この社会に対する評価は現状への不満を映す鏡となる。

一方で第一次世界大戦に従軍した若者たちは、スパルタ人の英雄的な生き方への憧れを抱き、競争を好み優生思想に基づく選抜をなし、そして同性愛で女性嫌い、ヒロイズムを帯びた男性的な社会として注目した。また当時、大戦は敵に負けたのではなく、背後からの裏切りで負けたという匕首伝説が流布したように、敗戦を信じられない者たちはテルモピュライの戦いとレオニダスの行動を高く評価し、戦死者の墓碑にシラーの訳詩などを刻んだように、スパルタは多くの人々にとってモデルとなるのである。

それを最大限に賛美し利用したのがヒトラー率いるナチス（国民社会主義ドイツ労働者党）であった。スパルタを参考にしながら推進したと考えられている政策をいくつか挙げてみよう。

何よりも優生思想と民族浄化であろう。ヒトラーは政権を取る前の一九二八年、スパルタで行われた、出生時の検査で社会に不適合と見なした子を棄てたことに言及し、「残酷かもしれないが、結果として後代の人々は疾患から解放された」と述べており、この考えから後に「遺伝病子孫予防法（断種法）」（一九三三年）が成立した。そこで障害者に不妊手術が強制され、一九四五年まで続くことになる。

またドーリス人とドイツ人とは民族的に同じだと主張した。ヒトラーはギリシアを占領するとそれを証明するために、古代アテナイの墓地であったケラメイコスに埋葬されていた、スパルタ市民の遺骨を掘り起こして調査させたほどであった（現在のようなＤＮＡ鑑定ができないため、実証できなかった）。この行為は、ゴビノー理論における混血の弊害なども持ち出して、ユダヤ人の迫害、民族浄化路線を推進したことと軌を一にするものだろう。

さらに結局のところ実施はできなかったが、ナチス政権の食糧・農業相で、北方人種の農民こそ民族再生の基盤であると見なす「血と土」論を唱えたダレは、スパルタを参考に農業政策を計画した。彼は平等な農地が付与され、質素で文明の爛熟とは無縁な農民を基幹とするドイツ社会を思い描いていたのである。またナチスは東方植民のモデルとして、征服後にバルト三国の住民をペリオイコイ、ロシア人をヘイロータイのように扱おうと考えていた。

　プラトンの影響もあり理想の社会とは、強力な指導者（哲人王）が存在し、国民は個人よりも共同体への奉仕を優先することが必要であると考え、そのような者たちを育てるための教育でスパルタが参考にされた。そこで自己犠牲、服従、強固な肉体を培うことが重視され、とりわけ「はじめに」で触れたように、アドルフ＝ヒトラー・シューレではスパルタで実際に行われたと認識されていた教育が実践されるほどであった。これに積極的に協力した古代研究者がいたことも忘れてはならない。彼らの多くは戦後、パージされることになる。

## 第二次世界大戦とテルモピュライ

　ドイツでは第二次世界大戦の戦局が悪化してくると、テルモピュライやレオニダスをめぐるエピソードが盛んに見られるようになる。有名なのが、スターリングラードの戦いで絶望的な状況に陥ったドイツ第六軍に対して、国家元帥ゲーリングがラジオの演説においてシラーが訳したテルモピュライで散った兵士たちを詠った詩を改変したものを贈り、レオニダスとスパルタ兵に第六軍兵士を準えて鼓舞したことである。しかしこれを聴いたドイツ兵たちは、自分たちは玉砕を強いられ、本国が自分たちを見捨てたと感じて、逆に意気消沈したと言われている。

もう一つあげると、戦争の最終局面において、ヒトラーはソ連軍が迫ったベルリンの防空壕で最後の誕生日を迎えた。その時、アルプスへの逃亡も考えたが、結局、留まることを決意して、「死に物狂いの戦いは、常に記憶すべき先例として覚えられるだろう。レオニダスと麾下の三〇〇名のスパルタ人を考えてみたまえ」と述べたという。そしてその一〇日後の四月三〇日に彼は自ら命を絶ち、ドイツは降伏することになった。

蛇足ながら連合軍でもレオニダスとテルモピュライが、重要な役割を果たしたエピソードも付け加えておこう。連合軍は、一九四四年六月六日からのノルマンディー上陸作戦でヨーロッパ大陸での反転大攻勢を始めたが、その際に現地のレジスタンスとの連絡で、そろそろ作戦を開始することを六月一日に、「テルモピュライは有名な隘路だ」という暗号で、そして翌日に作戦を決行することを六月五日に、「レオニダスは勇敢だ」という暗号でBBCのラジオ放送に流して伝えた。それを聞いたレジスタンスは道路破壊のゲリラ作戦を開始したという。

## 米ソ冷戦とペロポネソス戦争

戦後、ナチスの記憶からスパルタへの関心は大きく低下することになる。特にドイツでは、ある意味、タブー視されるようになり、スパルタを扱った学術書は一九八三年まで出版されなかった。ドイツに限らず、ブランド化したスパルタのイメージは、第二次世界大戦後の西側の自由主義、資本主義の社会において地に落ちていった。

しかしモデルとしてのスパルタは依然として存続したのである。冷戦下で今度はアメリカをアテナイ、ソヴィエト連邦をスパルタに見立てて、アメリカ合衆国で議論されたので、それを紹介してみたい。

アメリカでは建国時から、その国制でスパルタが参照されることもあったが、ローマ共和政の影響がはるかに強かった。これは国会議事堂（Capitol）をローマの中心の場所であったカピトリウム（Capitolium）、また上院（Senate）を元老院（senatus）から名前を取っていることからも明らかであろう。各地にスパルタという地名がつけられたが、アテナイの方が好まれていた。

二〇世紀に入ると大学などのスポーツクラブのロゴとして、ヴァイキングやネイティブアメリカンと並んで「スパルタン」はよく使われた。ギリシアのポリスで他に使われた例はない。これはすでにテルモピュライにおけるレオニダスとスパルタ兵の奮戦が広く知られ、強さ、勇敢、競争への情熱というブランド化したスパルタのイメージが、スポーツ競技のロゴとして適していたからであろう。ただし、この程度の認知でしかなかった。

しかし第二次世界大戦後、ソ連との間で冷戦が始まると、対応を研究するためにアテナイとスパルタの対立が注目された。第四章で述べたように、アメリカの大学の教養教育において、トゥキュディデスがペロポネソス戦争について著した『歴史』は必読書であり、とりわけ国際関係論では古典とされている。そのため、冷戦下の状況への対策を練るのにペロポネソス戦争時の事例が取り上げられたのだ。

ただし冷戦初期からスパルタをソ連に例えていたわけではない。初めてペロポネソス戦争の事例が持ち出されたのは一九七〇年のことで、本人は否定しているが、後に国務長官になるキッシンジャーによるとされる。この頃、アメリカは軍拡競争による疲弊、公民権運動やベトナム戦争への反戦運動、さらにはベトナム戦争でも戦局は悪化しており、自信を失っていた。

報道によれば、キッシンジャーはペロポネソス戦争時のアテナイをアメリカ、スパルタをソ連に見立て、この戦争はスパルタが勝利したという事実から、この冷戦の行く末を悲観的に見ていた。そこでなるたけ早いうちに多くの有利な条件を引き出すため、和平交渉に臨むことを主張したという。この話は一九七六年の大統領選挙で持ち出されて話題となったが、その後は一旦、この例えも忘れ去られたように見えた。

## ソ連崩壊とトゥキュディデス

しかし一九八〇年代に入り、レーガン大統領による対ソ強硬路線へのシフトのなか、再び注目されるようになる。それはアメリカのシンクタンクによるソ連の経済状況の分析から始まった。七〇年代より経済の分析はなされていたが、ソ連の膨大な軍事費は国内に環流するので経済は活況を呈すると見なされ、キッシンジャーと同じくソ連の優位を認めていた。しかし八〇年代にはその認識に変化が生じる。

ここで資本主義・自由主義的な理解からソ連の経済を考察すべきではない、との意見が出た。そこで分析に有効とされたのが、ソ連をスパルタ型の社会として認識することであった。その経済は利益や消費者を満足させるためのものではなく、スパルタのように高度に統制されたものであり、体制も少数のスパルタ市民が多数のペリオイコイやヘイロータイを支配したように、秘密主義的な支配階層による反動的で内向的なものであると見なす必要があると指摘されたのである。

トゥキュディデスが、ペロポネソス戦争時にスパルタの財政に大きな問題があったことを指摘したように、ソ連も膨大な軍事的出費が国内市場に環流せず、経済が悪化して軍事費を賄えないため、その経済は長くもたないとの結論に至るのである。この議論の過程で古代史家の協力を仰いだことは注目に値するだろう。

このようにペロポネソス戦争の歴史やトゥキュディデスの叙述から、同時代の国際関係の問題への対策を見出そうとする姿勢は、現在でも第四章で紹介した米中関係で、今度はアメリカをスパルタ、中国をアテナイに例えた、「トゥキュディデスの罠」という意見に継承されていると言えるであろう。

## 大衆文化のなかのスパルタ

国際関係の分析におけるスパルタの事例は、その「幻影」のネガティブな要素が中心であるが、六〇年代以降のアメリカの大衆文化においては、ポジティブな面も見ることができるし、九〇年代以降は昔のように高く評価されることもある。ブランド化の道程の最後にそのことを紹介してみよう。ここでも取り上げられるのはテルモピュライにおけるレオニダスとスパルタ兵である。

この戦いは映画の題材としては多く取り上げられていないが、一九六二年に公開された『三〇〇名のスパルタ兵（*The 300 Spartans*、邦題「スパルタ総攻撃」）』は、当時の世界情勢とリンクした注目すべき作品である。ベルリンで東西を分かつ壁が建設され、キューバにソ連のミサイル基地建設の動きがあり、東西陣営の対立が高まったという時代背景で制作されたものである。

この映画はギリシア政府の協力のもとギリシアで撮影された。祖国や自由を守るためにギリシア人の団結、スパルタ人の団結が強く主張されるシーンが多く見られ、そのためには死をも厭わない気高さを主人公（レオニダス）が体現している。当時、冷戦の高まりのなかでスパイなど身内の裏切り、自由主義諸国間の分断・対立への懸念があり、それが映画の内容に色濃く影響を与えているのである。ただし、スパルタブランドの負の側面（統制的な社会、ヘイロータイへの仕打ちなど）はほぼ描かれない。

そして一九九八年に『シン・シティ』で有名な劇画家、フランク・ミラーは『300』という劇画を発表した。彼は『三〇〇名のスパルタ兵』に刺激を受けたとインタビューで語っている。そしてこの劇画も二〇〇六年に映画化され、大ヒットした。ここでは嬰児遺棄やヘイロータイ虐待など、負のイメージも盛り込まれるが、総じてヒロイックなレオニダスとスパルタ兵が活写されているのが特徴だろう。映画も同じトーンであり、スパルタ人の精悍な肉体、強い意志などが強調され、逆にペルシア軍は不気味ではあるが、ただスパルタ兵の餌食になるだけの存在であり、クセルクセスは両性具有的な異形で表される。

## ブームの火付け役が米軍の推薦図書に

最後に世紀末から二一世紀にかけて、スパルタブームの火付け役となった作品も紹介しよう。それはミラーの劇画と同年に発表された、スティーヴン・プレスフィールドの『炎の門（*Gates of Fire* 邦題『炎の門：小説テルモピュライの戦い』）』である。スパルタ兵お付きのヘイロータイの目から、スパルタでの生活、テルモピュライの戦いについて語られたもので、これも負の側面も述べつつも、スパルタ人の名誉心、ストイックさ、義務感、団結心を高らかに謳い、ベストセラーとなった。現在ではアメリカ軍が兵士への推薦図書にしている。

これらの人気には、九〇年代の湾岸戦争に始まるイラクとの対立あるいはイランとの関係、新世紀に入ってすぐに起こった、アメリカの同時多発テロ以降のイスラーム勢力との対立が背景にあると指摘されている。ミラーの劇画で描かれるスパルタ兵の訓練風景やそこで用いられる言葉は、アメリカ海兵隊のそれを想起させるものであるし、その映画やプレスフィールドの小説は、アフガニスタンに駐留していた兵士などから絶大な支持を受けたという。逆に映画『３００』でのペルシアの描き方が侮辱的であると、映画会社にイラン政府が正式に抗議した。

以上、スパルタの「幻影」の長い旅を見てきたが、中世以降現在に至るまで、この幻影はどの時代でも社会を映す鏡であることは明らかであろう。ならば、現在のスパルタの捉え方がポジティブであるのは、我々を取り巻く世界に団結心や強靭さ、国や公共への奉仕が求められる状況が存在することを反映しているのかもしれない。

# おわりに

## ポリスの多様性

一九九三年、デンマーク政府の後援のもと、前三三八年までにギリシア世界に存在したポリスの目録を作成することを目的として、一〇年の時限つきでコペンハーゲン・ポリス・センターが設立された。その中心にいたのが、本年（二〇二四年）六月に逝去した古代ギリシア史研究の第一人者、ハンセンである。

彼は抜群の企画力、行動力で一一ヶ国、四九人の研究者の協力を得て、彼らとともにポリスに関する多くの研究論文集を刊行するとともに、二〇〇四年に目録を完成させたのであった。この目録ではポリスとして認められる要件を設定して、その基準をクリアして認定されたポリスの数は一〇三五に及ぶ。目録を含めこのセンターの成果はポリス研究を新たな段階へ押し上げ、二一世紀の大きな業績であることを否定する者はいないであろう。

すなわちギリシア世界には一〇〇〇以上のポリスがあり、アテナイやスパルタはその一つに過ぎない現実を改めて知らしめたのだ。それにもかかわらず、従来の古代ギリシア社会はアテナイを基準に認識されてきた。現存する古代ギリシアに関する史料は、アテナイについてのものが大部分を占めているので、当然の成り行きだったのかもしれない。そしてスパルタはその対照形として示されることが多かった。

しかし一九八〇年代よりこのような見方に疑義が唱えられ、従来のギリシア像を「アテナイ中心主義（Athenocentrism）」として、特に九〇年代以降、批判されるようになった。この目録も従来の歪みを正す意味できわめて重要な成果といえよう。このような動向により、アテナイの対極として異質なポリスと認識されてきたスパルタ像も、見直す必要が生じたのである。

なぜなら第七章で指摘したように、スパルタの「幻影」は多くの場合、アテナイと対で述べられることが多かったからである。そもそも「幻影」の形成にアテナイ社会への批判が大きく関わっていたのであるから、この動きは当然であろう。そのためスパルタを改めて一〇三五分の一の社会として捉え直す作業が求められたのだ。

## スパルタは特異なポリスか

本書で紹介した教育、軍事、国制などのスパルタ社会の特徴は、研究者たちからも特異であると見なされてきた。二一世紀に入ってからも、ハンセンは目録作成の経験から、スパルタはポリスの基準から大きく外れていると主張している。しかしスパルタ史研究の第一人者ホドキンソンは、この意見に異議を唱える。なぜならスパルタの社会は、当時のギリシア人たちがさまざまな点で達成したいと望んでいたことを実現した点で、他のポリスと異なっていたと理解すべきであり、本質は同じだと考えたからである。

ところが近年刊行され、現在におけるスパルタ史研究の一つの到達点である『古代スパルタ必携（*A Companion to Sparta*）』の総論で、一九七〇年代中葉以来のスパルタ史研究に大きな刺激を与えてきたカートリッジは、この論争をふまえたうえで、やはりスパルタは特異なポリスであると述べている。

第七章で述べたように、ある種の「幻影」が古代から現代に至るまでに培った認識が強靭であったため、スパルタを特異と見る一九世紀以降の専門的な研究者の認識は、表立ってではないとしても「幻影」に惑わされたと考えて差し支えないだろう。そしてホドキンソンらに牽引される八〇年代以降のスパルタ研究が、この「幻影」の見直しを中心に展開されており、その成果を摂取して本書は執筆されているので、筆者のスタンスはホドキンソンの意見に傾いたものと言える。

しかし基本的に特異か標準的かという問題は、基準の設定の仕方などで結論が左右されるため、決定的な答を見出すことは難しい。それでもその議論がポリスとは何か、という古代ギリシア世界の理解のための本質的な視点を提供していることは、注目に値するであろう。

## スパルタから見たギリシア世界

つまり、スパルタが特異か否かという議論は、そもそもギリシア的な社会の特性とは何かを考えなければならない性質を帯びるものなのだ。そしてスパルタを通して古代ギリシア世界を見ることは、従来のイメージの見直しに他ならない。

例えば、第三章で詳述したように、なぜスパルタがあれだけの統制社会を志向したのか、そしてなぜその社会に肯定的な評価がなされたのか、ということを理解するためには、ポリスの現実を改めて考える必要がある。ポリスの成員は原則的に土地に縛りつけられず、直接税も課せられておらず、自らが武器を保有して兵士となった。一方で警察などもなかった。さらに毎年、役人の多くが入れ替わり、恒常的な政府組織も存在しないコミュニティであった。これらのことから国内の秩序維持が難しかったことは明らかであろう。

そこでスパルタでは秩序維持のために、価値観の共有、公的権威への服従などを教育や共同食事などを通して市民個々に内在化した。すなわち皆が同じ考え（ホモノイア）を有するように仕向けたため、二〇〇年以上、ギリシアの風土病と言われるスタシス（内紛）を避けることができ、エウノミア（良き秩序）がその特徴と見なされることになるのである。そしてその点に当時の多くのギリシア人の称賛が集まった。称賛されたということは、当時のギリシア人にとって、秩序の維持が大きな懸案であったことを示しているのではないか。

このようにスパルタが特異と言われたことは、ホドキンソンの主張するように、逆にギリシア社会の問題を映す鏡となりうるのである。すでにまとめのパートなので深入りはしないが他の例を二つだけあげるならば、市民とヘイロータイとの関係には奴隷制の抱える問題や、奴隷と言っても所有者の財であった動産奴隷と、ヘイロータイのような隷属農民の身分としての違いを、またペロポネソス戦争開戦時のスパルタの決断理由は、当時の弱肉強食であった国際関係の現実を、それぞれ理解するヒントを与えてくれる。

## 現代を理解するためのヒント

また第七章で示したように、「幻影」への関心の変化は、時代の変化を反映している。それはスパルタが秩序のある社会であったという認識に対する、ルネサンス以降の関心の推移を見ても明らかだろう。すなわち国内外の争いが頻発し、それに対処するために国内の安定を維持することが求められた時代背景ゆえに、最初は混合政体という国制に関心が集中した。しかしそれが実現不可能であるとして、ボダンやホッブズが王権の集中を唱えるようになると、この関心は薄れていった。

しかしこの関心の消失から、近代以降の国家とは何か、という問題を考える手がかりを得るのである。ホッブズは原初的な人間社会について、個人に防衛のための暴力行使の権利が認められるため、「万人が万人に対して戦い」をする状況にあり、無秩序が常態であると見なした。古代ギリシア社会が同じ問題を抱えていたことは、先に述べた通りである。しかしその問題を解決する手段が異なることに注目する必要がある。

ホッブズはその状況を避けるために、個人の暴力行使の権利を、主権者に委譲する必要を訴えた。すなわち主権者である国王に権力を集中させることで、秩序の維持を実現しようとしたのである。そしてこの考えが近代以降の国家の定義に色濃く反映されることになる。

現代の国家の定義は「強制的秩序維持機関を社会の外に持つもの」とされる。強制的秩序維持機関とは合法的な暴力行使が認められている、軍隊や警察などであり、これらの組織が国家の主権者である国民を代表する政府の管理下にある状態をさす。

我々は国家とは何かを深く考えることは滅多にないが、スパルタ社会の特性を考えることを通して、古代ギリシアと近代以降の国のあり方の違いを知ることになるのである。このように差異を見ることで、我々の社会の特性を改めて考える機会を与えられていると言えるだろう。

## スパルタを知るということ

これまで本書で試みたのは、ブランド化されたスパルタの「幻影」というヴェールを剥がす作業である。その作業を通じて古代ギリシア世界を、従来のようにアテナイからではなく、スパルタの視点から考えてみた。それは「おわりに」で述べてきたように、古代ギリシアのポリスとは何か、そしてポリスが織りなす世界とはいかなるものであったのか、という現実に少しでも迫りたかったからである。

また第七章でその一端を紹介したが、「幻影」の変遷をたどることは、西洋世界の変遷を知る手がかりを提供する。近年、スパルタに限らず、古代ギリシア・ローマ世界のさまざまなことが、後の世界でいかに受け取られ、変容したかを探る「受容史」という研究ジャンルが盛んである。それは現在の社会がいかに形成されたかという、道程を理解するうえで有効であるとの認識が強いからであろう。

古代ギリシアは、かつてのアテナイ中心主義的な認識にあるように、世界で初めての民主主義が展開する現代につながる政治的な姿勢を有し、西洋文明の源流となる文化が数多く花開いたことだけが強調されてきたが、現在は受容史の成果として、それがやはり「幻影」であることが示されているのだ。

それはスパルタをブランド化したのと同じ流れのなか、ルネサンス以降の西欧世界が自らの雛形として創り出した虚像に過ぎない。この虚像のなかで、ややもするとスパルタはギリシア世界のなかでも、野蛮で後進的と捉えられることも多かった。

しかしこれまでの説明をふまえれば、近代西欧世界の雛形として古代ギリシア社会を理解するのではなく、それとは異質な世界と見る必要があることは明白だろう。それで初めてこの社会の新しい姿が見えてくるはずである。本書でスパルタの特徴から考えたギリシア社会の姿が、その一助になることを願ってやまない。

## 【スパルタ関係参考文献リスト】

**日本でスパルタのみを扱った本は二冊のみしか刊行されていない。**

・W．G．フォレスト『スパルタ史　紀元前950-192年』（丹藤浩二訳）、溪水社、一九九〇年
・新村祐一郎『古代スパルタ史研究―古典期への道―』、岩波ブックサービスセンター、二〇〇〇年（論文集）

**ナチス期のスパルタについては次の一冊が有益である。**

・曽田長人『スパルタを夢見た第三帝国　二〇世紀ドイツの人文主義』、講談社選書メチエ、二〇二二年

**スパルタに関する主な論文**

・清永昭次「パルテニアイのタラス植民」（『学習院史学』第七号、一九七〇年、一－一四頁）
（清永氏は他にもスパルタ関連の多くの論文がある）

・鈴木円「日本における「スパルタ教育」理解」(『學苑』第八九二号、二〇一五年、八三-九五頁)
・長谷川岳男「ヘレニズム期ギリシアの社会問題―人口不足と不穏な大衆―」(『クリオ』第五号、一九九一年、一-二三頁)
・同「エピタデウスの法―古典期スパルタの再検討―」(『駒沢史学』第四五号、一九九三年、六六-一〇〇頁)
・同「アンティゴノス朝マケドニアのギリシア『支配』―その認識の虚像と実像―」(『古代文化』第四八巻第三号、一九九六年、一-一六頁)
・同「ローマ人のギリシア認識―アイデンティティ形成との関連で―」(『歴史学研究』第七〇三号、一九九七年、一八五-一九五頁)
・同「ギリシア「古典期」の創造―ローマ帝政期におけるギリシア人の歴史認識―」(『西洋史研究』新輯第三二号、二〇〇三年、二四-五五頁)
・同「古典期スパルタにおける公と私―ポリス論再考―」(『西洋古典学研究』第LVIII号、二〇一〇年、一二-二四頁)
・同「勝利か玉砕か―テルモピュライの戦いの記憶―」(『軍事史学』通巻二〇二号〈第五

一巻第二号)、二〇一五年、四‐二八頁)
•同「大レトラとタラス建市―古典期スパルタ社会の形成について―」(『東洋大学文学部紀要第七三集史学科篇』第四五号、二〇二〇年、四七‐八三頁)
•同「タラス縁起話再考―ポリス「市民」の成立をめぐって―」(『東洋大学文学部紀要第七五集史学科篇』第四七号、二〇二二年、五九‐九四頁)
•古山正人「前3世紀後半のスパルタ―土地分配とἀναπλήρωσις―」(『西洋古典学研究』第XXVII号、一九七九年、四九‐六〇頁)
•同「アギスとクレオメネスの改革―前三世紀後半のスパルタの諸階層と改革の結果―」(『史學雜誌』第九一編第八号、一九八二年、一二三七‐一二六七頁)
•同「ネオダーモーデイス―ヘイロータイの解放と軍役」(『西洋史研究』新輯第一三号、一九八四年、五三‐七七頁)
•同「モタケス、トロフィモイ、スパルティアタイのノトイ―スパルタの小社会集団―」(『歴史学研究』第五九七号、一九八九年、一‐一八頁)
•同「クレオメネス3世からナビスへ―改革のはざまのスパルタ社会―」(『電気通信大学紀要』第三巻第二号、一九九〇年、二八九‐二九九頁)

・同「ペリオイコイ研究の現状」（『國学院大學紀要』第四四号、二〇〇六年、一六三―一八九頁）
・同「ラケダイモン人の国家構造」（『國學院大學大學院紀要―文学研究科―』第四二号、二〇一〇年、一八三―一九六頁）
・同「ヘイロータイの階級規定―近年の研究動向から考える」（『國學院大學大學院紀要―文学研究科―』第五一号、二〇二〇年、一―二四頁）

**スパルタに関する欧米の研究**（**最低限に留める**）

・Bayliss, A. J.（2020）, *The Spartans*, Oxford.
・Kennell, N. M.（2010b）, *Spartans: A New History*, London.
・Powell, A.（ed. 2018）, *A Companion to Sparta*, Hoboken.
（現在のスパルタ研究の到達点なので、他の研究はこの『必携』を参照のこと）

**スパルタをめぐるギリシアの動きについては以下の本を参照**

・F．W．ウォールバンク『ヘレニズム世界』（小河陽訳）、教文館、一九八八年

スパルタ関係参考文献リスト

・太田秀通『スパルタとアテネ　古典古代のポリス社会』、岩波新書、一九七〇年
・R.オズボン『ギリシアの古代　歴史はどのように創られるか?』(佐藤昇訳)、刀水書房、二〇一一年
・P.カートリッジ『古代ギリシア人　自己と他者の肖像』(橋場弦訳)、白水社、二〇〇一年
・同『古代ギリシア　11の都市が語る歴史』(橋場弦監修、新井雅代訳)、白水社、二〇一一年
・H.サイドボトム『ギリシャ・ローマの戦争』(吉村忠典・澤田典子訳)、岩波書店、二〇〇六年
・桜井万里子・本村凌二『世界の歴史5—ギリシアとローマ』、中公文庫、二〇一〇年
・桜井万里子『古代ギリシアの女たち—アテナイの現実と夢』、中公文庫、二〇一〇年
・同『歴史学の始まり　ヘロドトスとトゥキュディデス』、講談社学術文庫、二〇二三年
・澤田典子『アテネ民主政　命をかけた八人の政治家』、講談社選書メチエ、二〇一〇年
・同『古代マケドニア王国史研究—フィリッポス二世のギリシア征服』、東京大学出版会、二〇二二年

・中井義明『古代ギリシア史における帝国と都市─ペルシア・アテナイ・スパルター』、ミネルヴァ書房、二〇〇五年
・仲手川良雄『テミストクレス─古代ギリシア　天才政治家の発想と行動』、中公叢書、二〇〇一年
・橋場弦『民主主義の源流　古代アテネの実験』、講談社学術文庫、二〇一六年
・同『古代ギリシアの民主政』、岩波新書、二〇二二年
・長谷川岳男（編）『はじめて学ぶ西洋古代史』、ミネルヴァ書房、二〇二二年
・馬場恵二『ペルシア戦争─自由のための戦い』、教育社歴史新書、一九八二年

**事典・小説**

・ダイアナ・バウダー編『古代ギリシア人名事典』（豊田和二他訳）、原書房、一九九四年
・S．プレスフィールド『炎の門　小説テルモピュライの戦い』（三宅真理訳）、文春文庫、二〇〇〇年

**史料**

・アイリアノス『ギリシア奇談集』（松平千秋・中務哲郎訳）、岩波文庫、一九八九年
・アテナイオス『食卓の賢人たち』全五巻（柳沼重剛訳）、京都大学学術出版会、一九九七―二〇〇四年
・クセノポン『ギリシア史』1～2（根本英世訳）、京都大学学術出版会、一九九八―九九年
・クセノポン『小品集』（「ラケダイモン人の国制」／「アゲシラオス」所収）（松本仁助訳）、京都大学学術出版会、二〇〇〇年
・ストラボン『ギリシア・ローマ世界地誌』（飯尾都人訳）、龍溪書舎、一九九四年
・パウサニアス『ギリシア案内記』2（周藤芳幸訳）、京都大学学術出版会、二〇二〇年
・プルタルコス『モラリア』10（「ヘロドトスの悪意について」所収）（伊藤照夫訳）京都大学学術出版会、二〇一三年
・ヘロドトス『歴史』（上）（中）（下）（松平千秋訳）、岩波文庫、一九七一―七二年
（以下の著作に関しては様々な版がある）
・アリストテレス『政治学』（岩波文庫、京都大学学術出版会、岩波書店『アリストテレ

ス全集』17）
・トゥキュディデス『歴史（戦史）』（岩波文庫、京都大学学術出版会、ちくま学芸文庫、中公クラシックス）
・プルタルコス『英雄伝』（岩波文庫、京都大学学術出版会、ちくま学芸文庫）（「リュクルゴス」、「リュサンドロス」、「アゲシラオス」、「アギスとクレオメネス」所収）
・古山正人他編訳『西洋古代史料集』第2版、東京大学出版会、二〇〇二年

# あとがき

一九九〇年代より「ゆとり教育」という言葉が頻繁に使われるようになり、「詰め込み教育」を否定し、画一化ではなく個性を重視する必要が声高に叫ばれるようになる。また競争に対しても否定的であり、児童同士での優劣をつけることも良くないとされて、運動会でも順位をつけることを避けることもあった。また近年ではダイバーシティ（多様性）なる言葉も多用され、社会でＬＧＢＴＱなどマイノリティの容認が共通認識となっていることは、誰の目からも明らかであろう。

このような風潮において、本書で述べたスパルタの社会は対極に位置している。その教育において心身ともに均一化をめざし、規範に従うことが徹底され、成人した後も皆が同じ生活をしなければならなかった。一方で競争を徹底し、各人の優劣を明らかにした。それゆえ現在の感覚から言えば、多くの者がこのような社会を忌避すべきものと見なすのは当然だと思われる。

しかし第七章で述べたように西洋の歴史を通して見れば、この社会に好意的な評価を与えた場合の方が多かった。なぜだったのだろうか。それは国内の安定（エウノミア）を実現した社会と見なされたからである。そしてなぜ国内の安定が必要だったのか。古代のポリュビオスに始まり、近代のナショナリズムに至るまで、それは弱肉強食で不安定な国際情勢に対応するためとされた。そこで混合政体という国制、そして愛国心の強い市民の育成が注目されたのであった。

実際にスパルタが教育や社会生活により、同じ価値観（ホモノイア）を市民全員に内在化させて、同調圧力という形でエウノミアを実現した点に注目するならば、現代世界のようなダイバーシティや個性の尊重は、エウノミアの維持にとって大きな障害となるはずである。しかしそのような主張は社会を大きく動揺させてはこなかった。その理由の一つが、第三章で触れたように、現代の「国家」は強制的秩序維持機関として、合法的な暴力の使用が認められている警察や軍隊が存在するため内紛を阻止でき、社会を混乱させる者を罰する司法制度が充実していることである。

しかしそのような強権的な行為をふりかざさなくても、少なくとも欧米と価値観を共有する社会においては、ダイバーシティや個性の尊重を支持する空気が漂っていたので、これまでは大きな社会の動揺を生み出すこともなかったと見なすことができる。

　ところがここ数年の欧米の社会では、異なる宗教や価値観を有する移民の増加や、新自由主義経済のもとでの貧富の差の拡大による国内の分断傾向、一方でロシアのウクライナ侵攻やガザでの紛争、中国やインドの台頭といった国際環境の大きな変化が生じると、極右勢力の台頭、一国主義が象徴するナショナリズムの高揚などの問題が噴出し始め、国内のエウノミアを維持することの困難さが加速しているように思われる。

　スパルタの社会、その評価をめぐる歴史的な変遷を考慮するなら、ダイバーシティや個性の尊重を推進しても社会のまとまりが崩れることがなかったのは、もしかしたら、それを容認するホモノイアが昨今の西洋型の社会に存在したからであり、それが可能だったのは、国の内外の情勢が安定しているという希有な環境が、これまで我々を取り巻いていただけにすぎなかったのかもしれない。そうであるならば、今までの状況が当たり前ではないことを肝に銘ずるべきなのだろう。

　安定して平穏な暮らしを送ることは、人類にとって太古の昔から変わらない願いである。そのためにはどのような社会が求められるのか、そして対外環境はどうあるべきなのか、スパルタをめぐる問題はその再考を促すものではないであろうか。本書を読んで少しでもそのことに思いを巡らしてもらえたなら、スパルタを取り上げた意義はあったと考える。

この拙い本も、多くの人たちのおかげで完成させることができた。最後にそのお礼を述べたいと思う。まず、祖父でギリシア哲学の研究者であった山本光雄は、筆者にこの世界への興味を最初に喚起させ、生涯をかけて取り組むテーマを与えてくれた。

次に祖父の縁で新海邦治先生（日本女子大学名誉教授）は大学二年の時から一〇年以上にわたり、ギリシア語、ラテン語をマンツーマンで教えてくださり、本書で使用した史料などを一緒に読んでいただいた。また同じく祖父の縁から、スパルタ史研究の第一人者であった清永昭次先生（学習院大学名誉教授）は長年、ゼミへの参加を認めてくださり、多くのことを教えていただく幸運に恵まれた。

さらに大学院の博士課程に進学した際に、前年度に定年で退任した指導教員の三浦一郎先生（上智大学名誉教授）の代わりに伊藤貞夫先生（東京大学名誉教授）が非常勤講師としてお見えになると、ご自分の東京大学でのゼミに参加させてくださり、碑文を中心に多くのことを教えていただいた。祖父、そして右記の三名の先生方なくして本書が結実することはなかったにちがいない。

また清永先生の後のスパルタ史研究の第一人者である、古山正人先生（國學院大學名誉教授）はご自分のスパルタ調査に同行させてくれ、また中村純先生（法政大学名誉教授）とともに、主に酒の席で絶えず励ましていただいた。そしていちいち名前はあげないが、伊藤ゼミで一緒に学び、現在、我が国の代表的なギリシア、ローマ史研究者である皆さんからも非常に刺激を受けたし、色々な面でお世話になった。さらに今でもこの老いぼれと酒席を共にしてくれるこの分野の若い研究者たち、学生時代から未来の見えない不安な時に苦楽をともにし、今でもお酒を酌み交わす上智大学の先輩、同期、後輩たち、そしてその後、就職した鎌倉女子大学での苛酷な職場環境をともに過ごし、今も付き合いのある同僚たちの存在なくして、今の自分はいなかったと思う。

本書は元々、森谷公俊氏（帝京大学名誉教授）が他の出版社を紹介してくれて書き始めたものである。スパルタについての本を書いてみようと考えるきっかけを与えてくれたことに謝意を表するとともに、毎年何冊も出版されるスパルタ研究のフォローが追いつかないため、その出版社で刊行することができず、せっかくのご厚意を無駄にしたことをお詫びしたい。

最初に紹介いただいてから一五年以上経ち、出版を諦めていたところ、スパルタについて新書を書いてみないかと勧めてくれたのが、当時、文春新書の編集をされていた西泰志氏であった。それゆえ西氏の存在なくしてこの本は世に出なかったのであるから、いくら感謝しても足りないであろう。しかし本書を出版にこぎ着けることが可能であったのは、筆の進まない私のお尻を叩き、多くの助言をしてくれた現在の編集担当の東郷雄多氏のおかげである。ここに記して感謝を伝えたい。

昨年、本年と相次いで他界したため、これまで温かく見守ってくれた両親に本書を見せられなかったのが残念でならない。そして最後に自分も研究者であるのに、それを犠牲にして献身的に公私にわたって支えてくれた妻の知、常に私のエネルギー源である娘の優希に改めて感謝して本書を擱筆することにしよう。

二〇二四年長月の終わり　長谷川岳男

**長谷川岳男**（はせがわ たけお）
1959年生まれ。神奈川県出身。東洋大学文学部史学科教授。上智大学大学院文学研究科を単位取得のうえ退学。非常勤講師、鎌倉女子大学教育学部教授を経て現職。専門は西洋古代史。著書に『面白いほどスッキリわかる！「ローマ史」集中講義』、編著に『はじめて学ぶ西洋古代史』などがある。

**文春新書**

1469

スパルタ　古代《こだい》ギリシアの神話《しんわ》と実像《じつぞう》

2024年12月20日　第1刷発行

著　者　長谷川岳男
発行者　大松芳男
発行所　株式会社　文藝春秋
〒102-8008　東京都千代田区紀尾井町3-23
電話（03）3265-1211（代表）

印刷所　理想社
付物印刷　大日本印刷
製本所　大口製本

定価はカバーに表示してあります。
万一、落丁・乱丁の場合は小社製作部宛お送り下さい。
送料小社負担でお取替え致します。


ISBN978-4-16-661469-1